Günther Jansen

Großherzog Carl Alexander von Sachsen in seinen Briefen an Frau Fanny Lewald-Stahr

Literaricon

Günther Jansen

Großherzog Carl Alexander von Sachsen in seinen Briefen an Frau Fanny Lewald-Stahr

ISBN/EAN: 9783959135573

Auflage: 1

Erscheinungsjahr: 2017

Erscheinungsort: Treuchtlingen, Deutschland

Literaricon Verlag UG (haftungsgeschränkt), Uhlbergstr. 18, 91757 Treuchtlingen. Geschäftsführer: Günther Reiter-Werdin, www.literaricon.de. Dieser Titel ist ein Nachdruck eines historischen Buches. Es musste auf alte Vorlagen zurückgegriffen werden; hieraus zwangsläufig resultierende Qualitätsverluste bitten wir zu entschuldigen.

Printed in Germany

Cover: Foto Ludwig Held, Weimar, Carl August, Herzog von Sachsen-Weimar und Eisenach, Abb. gemeinfrei

Großherzog
Carl Alexander von Sachsen

in seinen Briefen an Frau
Fanny Lewald-Stahr.

(1848—1889.)

Eingeleitet und herausgegeben

von

Günther Jansen,

Großherzogl. Oldenburgischem Staatsminister a. D.

Berlin.
Verlag von Gebrüder Paetel.
1904.

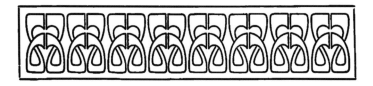

Vorwort.

Die Briefe des Großherzogs Carl Alexander an Frau Fanny Lewald-Stahr, deren Herausgabe den Gegenstand dieses Buches bildet, befinden sich im Goethe-Schiller-Archiv in Weimar. Zur Veröffentlichung derselben ist die höchste Genehmigung Seiner Königlichen Hoheit des Großherzogs Wilhelm Ernst erbeten und gnädigst erteilt worden. Auch ist die Einsicht der ebendort aufbewahrten Briefe Fanny Lewalds an den Großherzog mir von der Leitung des Archivs freundlichst gestattet.

Über meine Legitimation zur Übernahme dieser Arbeit habe ich — seit einigen Jahren in Weimar wohnhaft und dadurch mit Weimarer Interessenkreisen nicht unbekannt — im übrigen nur wenig hinzuzufügen.

Die Erscheinung und Persönlichkeit des verewigten Großherzogs war mir keine ganz fremde. Als während des deutsch-französischen Krieges der

Großherzog im Großen Hauptquartier von Versailles weilte, stand er dort in nahen Beziehungen zu dem Großherzog Peter von Oldenburg, dessen Umgebungen ich in meiner damaligen Eigenschaft als Kabinettsekretär desselben angehörte. Es kam vor, daß der hohe Herr den Großherzog zur Tischzeit besuchte und dann im Gespräch über die Fragen des Tages sich zwanglos an der Tafel mit niederließ. Zu den Unterredungen der beiden fürstlichen Herren wurde ich, wenn es um besondere Geschäftsangelegenheiten sich handelte, gelegentlich herbeigerufen und hatte auch einmal einen Auftrag an den Großherzog auszurichten, der einen mündlichen Vortrag bedingte. Im späteren Leben ist es mir zu verschiedenen Malen vergönnt gewesen, dem hohen Herrn wieder zu begegnen — bei Anwesenheiten in Berlin, bei den Festlichkeiten in Kiel, welche bei Eröffnung des Nord-Ostsee-Kanals stattfanden, zum letzten Male in Anlaß eines Besuches, den der Großherzog am großherzoglich oldenburgischen Hofe auf dem Schlosse zu Rastede im Sommer 1898 abstattete.

Auch seiner Korrespondentin bewahre ich persönliche Erinnerungen. Nach ihrer Rückkehr aus Italien, wo sie die erste Bekanntschaft ihres späteren Gatten gemacht hatte, hielt sich Fanny Lewald einige Zeit zum Besuch der Familie Stahr in Oldenburg auf, und die interessante Fremde fand in der kleinen Stadt in den angesehensten, literarische Interessen pflegenden Kreisen und Häusern gaftliche Aufnahme, deren fie fich fpäter manchmal rühmend erinnerte. Biele Jahre nachher — es mag um die Mitte der fechziger Jahre gewefen fein — fah ich Frau Fanny Lewald=Stahr in Berlin wieder und durfte in einer Gefellfchaft in einem befreundeten Haufe ihrer anregenden Unter= haltung in kleinerem Kreife folgen:

Ihr Gatte Adolph Stahr — damals Konrektor des Gymnafiums in Oldenburg — ift noch mein Lehrer gewefen. Ich hatte dies dem Umftande zu danken, daß während einer längeren Erkrankung des Ordinarius der Tertia die älteren Schüler diefer Klaffe, zu denen ich gehörte, für gewiffe Unterrichtsgegenftände mit der Sekunda — Stahrs Klaffe — vereinigt wurden. So fteht fein Bild deutlich vor meinen Augen. An den Ovationen, die ihm feine Sekundaner am Vorabend feiner Abreife nach Italien darbrachten, durfte ich mich beteiligen und war auch bei feiner Verabfchiedung von Lehrern und Schülern zugegen. Nach feiner Rückkehr aus Italien trat Stahr bei fortdauernder Kränklichkeit der Schule nicht wieder näher; doch blieb er in dem Leben Oldenburgs, wo er einft= weilen feinen Aufenthalt beibehielt, als vielfeitig anregendes Element, als namhafter Schriftfteller und als politifcher Korrefpondent der Bremer Zeitung in den ftürmifchen Tagen des Jahres 1848 eine bedeutfame Erfcheinung. Auch von ihm be= wahrt das Goethe=Schiller=Archiv eine größere An= zahl von Briefen an den Großherzog.

Die Wiedergabe der Briefe des Großherzogs an Fanny Lewald ist eine vollständige, soweit nicht in besonderen Fällen geringfügige Auslassungen oder Abkürzungen angezeigt erschienen. Nur die üblichen Schlußformeln sind vielfach weggelassen.

Ich habe dieses Buch in der Hoffnung zusammengestellt, daß es — dank dem Neuen, was es bringen darf — insbesondere auch als ein nicht unerwünschter Beitrag für die Beurteilung der Persönlichkeit des dahingeschiedenen Großherzogs werde willkommen geheißen werden. Für freundliche Förderung und Unterstützung meiner Arbeit habe ich an dieser Stelle neben meinem Schwiegersohn, dem Geheimen Oberfinanzrat Dr. Felix Lewald in Berlin, vor allem dem Direktor des Goethe-Schiller-Archivs, Herrn Geheimen Hofrat Professor Dr. Suphan, meinen Dank auszusprechen.

Weimar, im Juni 1904.

G. Jansen.

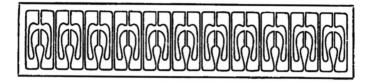

I. Einleitung.

Am 5. Januar 1901 schied mit dem Großherzog Carl Alexander der letzte Zeuge von Weimars klassischer Zeit aus dem Leben. Es war eine eigentümliche Fügung des Geschickes, daß der Großherzog mit zweiundachtzig und einem halben Jahre genau das Alter erreichte, welches seinem großen Vorbilde in Lebensanschauung und Lebensführung — Goethe — beschieden gewesen war. Als der Großherzog am 24. Juni 1818 geboren ward, war noch kein Jahrzehnt verflossen, seit Frau von Staël den Abschnitt „Weimar" in ihrem berühmten Buch „über Teutschland" geschrieben hatte, und noch galt Weimar unangefochten für die geistige Hauptstadt (la capitale litéraire) Teutschlands; von den Gestalten, deren Namen mit jener großen Zeit verknüpft sind, haben sein Großvater Carl August, Goethe, Knebel, Charlotte von Stein, noch vor den leiblichen Augen des jungen Fürsten gestanden; in Goethes Hause war er als dreizehnjähriger Knabe

ein= und ausgegangen und bewahrte die dort
empfangenen Eindrücke in treuem Gedächtnis.
Nach Goethes Tode hatte sich dann eine lange vor=
bereitete Wandlung in Weimars geistigem Leben
und seiner Bedeutung für die deutsche Literatur
tatsächlich vollzogen. Die großen Dichter und
Denker schliefen unter den Gewölben der Fürsten=
gruft und der Stadtkirche, unter den schweigsamen
Baumwipfeln des Osmannstedter Parkes. Aus
einem lebendigen Mittelpunkte geistiger Strömungen
war in einer anders gearteten Zielen zustrebenden
Gegenwart Weimar zu einem Wallfahrtsorte —
es ist einmal gesagt worden: zu einem „literarischen
Friedhof" — geworden, an dem aus allen Teilen
des Erdballs andächtig gestimmte Gemüter sich zu=
sammenfanden, dem aber das ringsum aufstrebende
„junge Deutschland" nicht ohne Behagen den
Namen des „Musen=Witwensitzes" beilegte; an die
Stelle begeisterter Begrüßung großer Werke der
Dichtkunst, wie sie von Weimars Bühne aus, aus
Weimars Mauern einst ihren Lauf durch die Welt
genommen hatten, war in weiten Kreisen Ab=
spannung und Teilnahmlosigkeit, im besten Falle
die Pflege von Erinnerungen, von Überlieferungen,
ein Kultus der Vergangenheit getreten. Unter den
Eindrücken solcher Stimmungen und Wahr=
nehmungen wuchs der junge Erbgroßherzog Carl
Alexander auf, durch Erziehung, durch Gewöhnung,
durch eigene Neigung von Jugend auf dahin ge=
richtet, sich als den berufenen Träger und Ver=

treter dieser Überlieferungen zu betrachten. Der „Beruf Weimars" galt ihm nicht mit dem klassischen Zeitalter abgeschlossen, sondern blieb ihm eine Losung auch für die Zukunft, auch für die Auffassung der eigenen Aufgaben, welche dem= nächst der Herrscherberuf an ihn heranbringen würde.

Es hieße dem Weimar des Großherzogs Carl Friedrich Unrecht tun, wenn man mit ihm nur die Vorstellung eines geistig abgestorbenen Daseins verbinden wollte. Verhältnisse, wie sie unter Carl August durch das weithin leuchtende Zusammen= wirken der vornehmsten Geister des Jahrhunderts während einer Reihe von Jahrzehnten in Weimar bestanden hatten, konnten nach der Natur der menschlichen Dinge nicht von Dauer sein, und es mußte ihnen ein Rückschlag folgen, welcher das geistige Leben der kleinen Residenz wieder in all= täglichere und gewöhnlichere Bahnen zurückleitete. Das war für Weimar die Signatur der dreißiger und vierziger Jahre. Den Anforderungen der ver= änderten Zeit ward aber die Regierung des Groß= herzogs Carl Friedrich in ihrer Weise deshalb nicht weniger gerecht. Es zeigten sich jetzt die segens= reichen Wirkungen, welche das Land der durch Carl August geschaffenen festen Begründung seiner Ver= fassungsverhältnisse zu verdanken hatte, und es blieb der Betätigung des öffentlichen Lebens in Weimar auch ferner ein liberaler Zug, ein freierer Geist in der Beurteilung und Behandlung auch politischer und kirchlicher Dinge eigen, als damals

1 *

andern deutschen Ländern beschieden war. So flossen
in Weimar, wenn auch weniger geistig bewegt als
in den Zeiten der Vergangenheit, in friedlicher
Harmonie die Jahre dahin, und auch ringsum
brausende Stürme berührten hier kaum mehr als
die Oberfläche; der verdiente Minister Bernhard
von Watzdorf war einer der wenigen deutschen
Staatsmänner, an denen die Bewegung des
Jahres 1848 vorüberging, ohne sie in ihren
Stellungen zu erschüttern. Und wenn vielleicht
die Persönlichkeit des Großherzogs Carl Friedrich
weniger hervortrat als diejenige seines Vorgängers
und seines Nachfolgers, so stand dafür inmitten
der damaligen Zustände Weimars die lichte Gestalt
der Großherzogin Maria Paulowna, der Mutter
Carl Alexanders, wie durch den Zauber ihrer
Persönlichkeit so durch den hohen sittlichen Ernst,
mit dem sie den Aufgaben ihrer fürstlichen
Stellung gerecht zu werden verstand; noch heute
spricht der weimarische Bürger gern von „den
Zeiten der Maria Paulowna", und zahlreiche
gemeinnützige und wohltätige Stiftungen und Ein=
richtungen segnen ihr Andenken und haben in
den großherzoglich sächsischen Landen vielfach schon
Aufgaben glücklich gelöst, an die in andern
Ländern die humanitäre Bewegung erst später
herangetreten ist. Daß der junge Erbgroßherzog
in solchen Umgebungen, in der gesunden Luft einer
freieren Welt= und Lebensanschauung zum Manne
heranwuchs, konnte auf die Entwicklung seines

Charakters und seiner eignen Anschauungen nicht
ohne Einwirkung bleiben.

Erst gegen Ende der vierziger Jahre begann
sich in Weimar wiederum ein regeres Leben auf
den Gebieten der künstlerischen und literarischen
Interessen zu entwickeln, und in der zweiten
Hälfte des 19. Jahrhunderts nahm die kleine
Thüringer Residenz mit ihrer großen Vergangenheit von neuem ihren Platz unter den Stätten
eifriger Pflege von Kunst und Wissenschaft in den
deutschen Landen ein, in deren Kreise sie neben
größeren Zentren in geachteter Stellung sich be-
hauptete. Daß dem so war, und daß dem so sein
konnte, war nicht zum geringsten Teil das persönliche Verdienst des Großherzogs Carl Alexander
und seiner klugen niederländischen Gemahlin. Es
ist bezeichnend, daß am Eingange jener Epoche,
in der „Weimars Beruf" wiederum zu erfolg-
reicher Betätigung gelangte, die Feier des hundertjährigen Geburtstages Goethes stand, welche —
in ganz Deutschland von nationalen Empfindungen
getragen, wie zehn Jahre später in noch höherem
Maße die Schillerfeier — neben dem Rückblick in
vergangene Zeiten die Hoffnungen auch in die Zukunft richtete. Dem Erbgroßherzog war es eine
besondere Genugtuung, daß durch diese Feier die
Augen der Welt mit Goethe auch wieder auf die
Person seines von ihm hochverehrten Großvaters,
des Großherzogs Carl August, gelenkt wurden.
Sein Herz jubelte, wie er schreibt, bei diesem Ge-

danken, und in tiefempfundenen Worten gibt er
dem Bedürfnis, seinem Großvater nachzustreben,
Ausdruck: „O könnte man dazu immer den richtigen
Weg erkennen und festhalten!"

Schon bei Lebzeiten seines Vaters, des Groß=
herzogs Carl Friedrich, war dem jungen Erbgroß=
herzog Carl Alexander eine Aufgabe zugefallen,
welche gewissermaßen programmatisch für sein
späteres Leben ward und in ganz Teutschland mit
Anteil verfolgt wurde: die Wiederherstellung der
Wartburg. Dem feinsinnigen, von warmer Pietät
für die vaterländische Vergangenheit beseelten
jungen Fürsten konnte keine Aufgabe willkommener
sein als diese, die ihn mit manchen bedeutenden
Persönlichkeiten, mit hervorragenden Architekten,
mit Künstlern wie Moritz von Schwind in Ver=
bindung brachte und ihm gestattete, unter eigner
Leitung und Mitwirkung an den Pforten des
Thüringerlandes wie ein Symbol seiner großen
Geschichte die alte, sagenumwobene Burg wieder
emporsteigen zu lassen, welche einst Walter von
der Vogelweide und Wolfram von Eschenbach be=
herbergt, deren Mauern in bedrängten Zeiten
Luther in ihren Schutz genommen hatten, und die
in den verhängnisvollen Oktobertagen des Jahres
1817 der Ausgangspunkt geworden war für eine
damals noch nicht reise, aber später mit dem Er=
folg ganzen Gelingens gekrönte nationale Be=
wegung. Mit voller Hingabe und Tatkraft widmete
sich der junge Fürst dieser Aufgabe, und nichts

beglückte ihn mehr, als wenn er dafür auch bei Andern Verständnis und Teilnahme fand. Auf „seine Wartburg" kehrte der Großherzog auch in seinem spätern Leben stets mit Vorliebe zurück, verbrachte auf derselben meist bestimmte Zeiten des Jahres und empfing dort, wie die alten Land= grafen von Thüringen, gern fremde Gäste, deren Auge er neben den geschichtlichen Umgebungen an dem herrlichen Blick in die grünen Waldberge des Thüringerlandes sich erfreuen ließ.

Am 8. Juli 1853 schloß der Großherzog Carl Friedrich die Augen, und der Großherzog Carl Alexander trat, fünfunddreißig Jahre alt, die Regierung des Großherzogtums an. Als gereifter Mann, wohl vorbereitet und mit hochgesteckten Zielen, aber nicht ohne Mißtrauen in die eigenen Kräfte, wie seine bescheidene Sinnesart ihm nahe= legte, trat er an seine neuen Aufgaben heran; bei der Entgegennahme der Huldigung der Stände, die er bezeichnend für den 28. August — den Geburts= tag Goethes — bestimmt hatte, gelobte er „stets eingedenk zu sein, was Weimar von seinen Fürsten zu empfangen gewohnt und zu erwarten berechtigt ist". „Ich danke Ihnen von Herzen" — schrieb er damals einer Freundin — „für die gute Meinung, die Sie von mir hegen, indem Sie eines menschlichen Sinnes Erwähnung tun, den ich be= sitze. Daß ich mir ihn bewahren werde, bürgt Ihnen die Bekanntschaft meines Selbst und mein auf meinen Großvater von jeher gerichteter Blick."

Der Wunsch, dem Vorbilde seines Großvaters Carl
August nach dem Maß seiner Kräfte gerecht zu
werden, klingt in seinen Äußerungen aus jener
Zeit immer wiederkehrend durch; er bezeichnet
Richtung und Ziel seines Strebens.

Die Gebiete, auf denen seit dem Beginn der
fünfziger Jahre Weimar wiederum eine führende
Rolle zu übernehmen begann, waren diejenigen der
Musik und der bildenden Künste, vor allem der
Malerei. Bahnbrechend dafür war die vierzehn=
jährige Wirksamkeit Franz Liszts in Weimar
(1847—1861), wo der berühmte Tonkünstler —
in seiner äußern Berufsstellung Dirigent der
Kapelle des Hoftheaters — in dieser Zeit seine be=
deutendsten Werke schuf und in den geistesbelebten
Zirkeln der Fürstin Caroline Wittgenstein auf der
Altenburg einen sich immer erweiternden Kreis von
Schülern und Verehrern beiderlei Geschlechts von
nah und fern um sich versammelte; „es war, als
ob dort Hof gehalten würde für alle Geister des
Könnens und Wissens;" so schreibt von dem auf
der Altenburg vereinigten Kreise Hoffmann von
Fallersleben, der, in Preußen politisch verfolgt,
damals eine Zuflucht in Weimar gefunden hatte.
Nicht allein in der musikalischen Welt war es ein
Ereignis, als am 28. August 1850 wiederum
an Goethes Geburtstage — Richard Wagners
„Lohengrin" auf der Weimarer Bühne seine erste
Aufführung erlebte zu einer Zeit, da der große
Tondichter noch als politischer Flüchtling in der

Schweiz weilte. „Ich bin nicht sein Richter und
will es nicht sein," — schreibt der Erbgroßherzog —
„allein als Komponist bewundere ich ihn, wie ich
selten ein musikalisches Genie bewundert habe."
Auch der „Tannhäuser" gelangte nach der Erstauf=
führung in Dresden zuerst in Weimar am Geburts=
tage der Großherzogin Maria Paulowna unter
Liszts Leitung zur Darstellung und diese in allen
musikalischen Kreisen mit Spannung verfolgten
Wagner=Aufführungen stempelten Weimar für eine
geraume Zeit zu einer „Hochburg der Zukunfts=
musik." Neben dem Genie des Künstlers war es
auch Liszts eigenartige und liebenswürdige Persön=
lichkeit, von der reiche Anregung ausging; der Reiz
des Verkehrs mit ihm zog Namen wie Rubinstein,
Berlioz, Ferdinand Hiller, Hans von Bülow nach
Weimar. Vom Großherzog Carl Alexander, dem
das Verhältnis zu Liszt auch ein Vermächtnis seiner
Mutter Maria Paulowna war, empfing dieser
nicht nur hingebende und verständnisvolle För=
derung in seinem Wirken, sondern er trat zu dem
fürstlichen Herrn auch menschlich in nahe Be=
ziehungen. „Er ist" – schreibt der Erbgroßherzog
schon bald nach Liszts Niederlassung in Weimar —
„eine der seltensten Erscheinungen, die es gab und
gibt. Mit Stolz sage ich, daß ich dies recht im
Herzen fühle. Er besitzt eine Gabe, zu erleuchten,
zu beleben, wie ich es im Umgang mit niemanden
gefunden. Ich habe nie in der Persönlichkeit eines
Mannes das Wort Geist so ausgesprochen gefunden

als in ihm. Ich liebe ihn mit allen Kräften der
Bewunderung und Dankbarkeit." So konnte es
nicht ausbleiben, daß Liszts durch übermächtige
Verhältnisse herbeigeführtes Ausscheiden aus seinem
Weimarer Wirkungskreise den Großherzog schmerz=
lich berühren mußte, und wenn der gefeierte Künstler
acht Jahre später den Weg nach Weimar zurück=
fand und dort noch siebenzehn Jahre lang bis zu
seinem Tode gern seinen Aufenthalt nahm in den
ihm vom Großherzog gastlich bereiteten freund=
lichen Räumen am Eingang der Belvedereallee,
die heute als Liszt=Museum in ihrer damaligen
Einrichtung pietätvoll erhalten sind, so hatte daran
sein schönes, menschliches und persönliches Ver=
hältnis zum Großherzog Carl Alexander keinen
geringen Anteil. „Ganz recht haben Sie" — schrieb
der Großherzog nach des Meisters Tode —, „wenn
Ihnen in Liszt der Mensch noch höher als der
Künstler steht, so unerreicht auch dieser war und
bleiben wird." Den von Liszt ausstrahlenden An=
regungen sicherte der Großherzog in Weimar durch
die Gründung der Musik= und Orchesterschule
dauernde Pflege.

Wie am 28. August 1849 die Goethe=Feier
in Weimar die Herzen hatte höher schlagen lassen,
so wendete am 3. September 1857 die hundert=
jährige Gedächtnisfeier des Geburtstages des Groß=
herzogs Carl August die Blicke dankbar in die
Vergangenheit zurück, bezeichnete aber zugleich für
die künstlerische Ausgestaltung der Stadt einen

bedeutsamen Wendepunkt. Bis dahin hatte von
den großen Trägern von Weimars klassischer Zeit
nur Herders Standbild seinen Platz vor der
Stadtkirche gefunden; am 4. September 1857 fiel
die Hülle von Rietschels großartigem Meisterwerk,
der Doppelstatue Schillers und Goethes auf dem
Theaterplatz, und an demselben Tage ward auch
Wielands Standbild enthüllt in der Nähe seiner
ersten Wohnung in Weimar; am Tage vorher
ward an geschichtlicher Stätte — auf dem Fürstenplatz vor dem Ständehause, welches in den ersten
Zeiten der Regierung Carl Augusts die Residenz
des Hofes und damit der Schauplatz des bewegten
Lebens in Weimar in den ersten Goethejahren gewesen war — der Grundstein zu dem Reiterstand-
bilde Carl Augusts gelegt, das jetzt über Stadt und
Schloß weithin auf die Höhenzüge des Ettersberges
hinausblickt. Vom Großherzog selbst war die Anregung zur Errichtung dieser Denkmäler ausgegangen; es war ihm dies Herzenssache und die Erfüllung einer Pflicht; ihrer Ausführung und der
Art ihrer Aufstellung widmete er in persönlichem
Verkehr mit den ausführenden Künstlern sein
wärmstes Interesse und freute sich jeder aner-
kennenden Beurteilung. „Wie viele deutsche
Städte" — schrieb damals ein namhafter Kunst-
historiker — „vermögen in solchen monumentalen
Huldigungen mit dem kleinen Weimar zu wetteifern!"
Ein Jahr später — im August 1858 —
folgten dann bedeutsame Festlichkeiten in Jena

zur dreihundertjährigen Jubelfeier der Gründung
der Universität durch den Kurfürsten Johann
Friedrich den Großmütigen, dessen Denkmal auf
dem Markt bei diesem Anlaß enthüllt wurde. Die
Universität war dem Großherzog ein teures Vermächtnis seiner Vorfahren, und die geistigen Wechsel-
beziehungen, welche in großer Zeit zwischen den
beiden Schwesterstädten Weimar und Jena sich
herausgebildet hatten, wurden auch von ihm nach
Kräften gepflegt und gewürdigt. In der „Freiheit
der Forschung und Lehre" hoffte er die Zukunft
seiner Universität gesichert zu wissen in einer Zeit,
in der die Nachbarhochschulen größerer Staaten an
äußern Mitteln Jena weit überlegen waren —
ein programmatisches Wort, das für die Denkart
des Großherzogs bezeichnend ist. Im Sinne dieses
Wortes war soeben Kuno Fischer nach Jena berufen, nachdem von der badischen Regierung ihm
das Halten von Vorlesungen in Heidelberg ver-
boten worden war und man in Preußen unter
dem Ministerium von Raumer seiner Niederlassung
in Berlin Schwierigkeiten bereitet hatte. In demselben Sinne hatte man einige Jahre vorher in
der Person des Hofpredigers Dittenberger einen
würdigen Nachfolger Herders nach Weimar gezogen,
unbekümmert um die Anfeindungen, denen derselbe in seiner bisherigen Heimat wegen seiner
kirchlichen Richtung ausgesetzt gewesen war.

Ein eigenstes Werk des Großherzogs Carl
Alexander war ferner die im Jahre 1860 unter

der Leitung des Grafen Stanislaus Kalkreuth errichtete Kunstschule, die dem Zweck dienen sollte, „junge mit Talent begabte Leute in jedem Fach der Malerei zu künstlerischer Selbständigkeit auszubilden". Dadurch ward Weimar, wie es dies schon für die Musik war, auch für die bildende Kunst neben Berlin, München, Dresden, Düsseldorf eine Stätte fördernder Pflege. An der neuerrichteten Schule lehrten Künstler ersten Ranges, wie Lenbach und Böcklin; zahlreiche andre in der Kunstwelt angesehene Namen sind mit der Geschichte der Anstalt verwoben, und manches erfolgreiche jüngere Talent ist aus ihren Lehrsälen hervorgegangen. Zugleich lebten und wirkten in Weimar Friedrich Preller, der Maler der Odyssee, und Bonaventura Genelli, später auch der Landschaftsmaler Ludwig von Gleichen-Rußwurm, Schillers Enkel. Prellers klassische Traditionen sind noch heute durch den mehr als achtzigjährigen Landschaftsmaler Karl Hummel, den Sohn des berühmten Komponisten, in Weimar würdig vertreten. Freudig bewegte es den Großherzog, als in Anlaß der goldenen Hochzeit des fürstlichen Paares (1892) Lehrer und Schüler, die an der Anstalt gewirkt oder dort ihre Ausbildung empfangen hatten, sich dankbar und pietätvoll zu einer Schenkung eigner Werke vereinigten, welche von den Erfolgen dieser Schöpfung des Großherzogs Zeugnis ablegten und in dazu hergestellten Räumen gegenüber dem Liszt-Museum zu einem Gesamtbilde vereinigt geblieben sind.

Auch auf die zahlreichen im Besitz des groß=
herzoglichen Hauses befindlichen, von kunstsinnigen
Fürsten seit lange angesammelten Schätze, die, in
den verschiedenen Schlössern und anderwärts ver=
streut, teilweise schwer zugänglich waren, blieb das
Augenmerk des Großherzogs gerichtet, und aus
dem Bedürfnis der Vereinigung derselben an einer
einheitlichen Stelle, wo sie der Förderung des
Kunstsinnes, der Verbindung der Kunst mit dem
Leben dienen konnten, ging der vornehme Neubau
des großherzoglichen Museums hervor, dessen statt=
liche Räume nach sechsjähriger Bauzeit am
27. Juni 1869 der öffentlichen Benutzung über=
geben wurden. An der innern Einrichtung wirkte
der Großherzog auch im einzelnen noch auf eine
Reihe von Jahren hinaus tätig mit, und erst jetzt
ward klar und übersichtlich, welche Kunstschätze
Weimar besaß; neben einer großen Zahl von
Gemälden von künstlerischem oder geschichtlichem
Interesse und einem Schatz von Handzeichnungen,
unter anderm von Dürer, Cranach und Holbein,
kamen die herrlichen von Carl August erworbenen
Zeichnungen von Asmus Carstens nun erst zur
Geltung. Vor allem aber waren es Friedrich
Prellers klassische Darstellungen aus der Odyssee,
die die Blicke anzogen, und denen als den Werken
eines Weimarer Landeskindes ein besonderer Saal
mit dem Gegenstande entsprechender Ausschmückung
eingeräumt ward. „Werke wie Prellers Odyssee=
zyklus und wie Schwinds ,Sieben Raben'" —

schreibt Wilhelm Lübcke — „gehören unbedingt zu
dem Schönsten, was die deutsche Kunst jemals
hervorgebracht hat." Auch dem Bedürfnis der
lebenden Künstler, der unmittelbaren Beförderung
künstlerischer Bestrebungen der Gegenwart, kam der
Großherzog durch die Gründung der ständigen
Kunstausstellung, des heutigen Museums für Kunst
und Kunstgewerbe, verständnisvoll entgegen.

Der großen Vergangenheit des Weimarer
Theaters suchte unter Carl Alexanders Regierung
die Gegenwart nach Kräften gerecht zu werden, die
guten alten Überlieferungen festhaltend, ohne be=
deutenden Erscheinungen der Neuzeit sich zu ver=
schließen. „Dem Besten des Alten, dem Besten
des Neuen" sollte nach einem Wort des Großherzogs
das Theater seine Tore öffnen. Die Wagnerschen
Opern, die eine Umwälzung in der Geschichte der
Musik bedeuteten, nahmen von hier ihren Aus=
gang. In dem Jahrzehnt zwischen 1857 und 1867
stand das Theater unter Franz Dingelstedts Leitung,
und manche fruchtbare Anregung ging jetzt wieder
wie einst zu Goethes Zeiten von Weimar aus. So
die damals viel besprochenen Aufführungen der
Shakespeareschen Königsdramen, des „Wallenstein",
der Hebbelschen „Nibelungen". Später — unter
der Leitung des Generalintendanten von Loën —
waren es die „Faust"=Vorstellungen — insbesondere
die Bearbeitung des zweiten Teiles des „Faust" für
die Bühne, ein kühner Versuch Otto Devrients —,
mit welchen Weimar voranging. Ihren vornehmen

Traditionen blieb die Weimarer Bühne treu und
hielt untergeordnete Sensationsmache von sich fern;
so entsprach es dem Sinne des Großherzogs. Auch
für die Lutherfestspiele, welche in den achtziger
Jahren Otto Devrient in Jena veranstaltete, und
die an vielen Orten bis in das ferne Sieben=
bürgener Sachsenland Nachahmung fanden, die
Gedanken der Reformationszeit in fruchtbarer
Anregung wiederbelebend, nahm der Großherzog,
wie an allem, was in künstlerischem Zuge die
Thüringer Heimat berührte, lebhaften Anteil.

Das rege und verständnisvolle Interesse, das,
von dem Landesherrn umsichtig gefördert, in
Weimars Mauern literarischen und künstlerischen
Bestrebungen entgegengebracht ward, ließ auch
Unternehmungen ihren Schwerpunkt hier suchen, die
weit über die Grenzen der Stadt und des Landes
hinausgreifende Ziele verfolgten. So — zum Teil
unter dem Protektorat des Großherzogs — die
Shakespeare=Gesellschaft, die Schiller=Stiftung, später
die Goethe=Gesellschaft, die Liszt=Stiftung, die
Marie Seebach=Stiftung. Und dies Protektorat war
keine bloße Form. Bei den Versammlungen der
Goethe= und der Shakespeare=Gesellschaft liebte
und verstand es der Großherzog, den dadurch her=
beigezogenen ausgezeichneten Gästen Weimars sich
auch persönlich zu widmen und so dazu beizutragen,
daß diesen Zusammenkünften ein besonders festlicher
Charakter traditionell erhalten blieb. Auf dem
Gebiete der Pflege der Goethe=Kenntnis und der

Goethe-Literatur vor allem erwuchsen durch die
großherzige Stiftung des letzten Goethe in den
achtziger Jahren dem Großherzog und seiner Gemahlin neue und weitreichende Aufgaben, deren
beide in hingebender Arbeitsfreudigkeit sich an-
nahmen, und die dem hundertjährigen geistigen
Erbteil Weimars einen neuen, unschätzbaren Besitz
hinzufügten, der durch die pietätvolle Schenkung
des letzten Enkels Schillers, des Freiherrn Ludwig
von Gleichen-Rußwurm, noch eine wertvolle Be-
reicherung erfuhr. Was Weimar an dem Goethe-
Nationalmuseum, der bedeutungsvollsten unter den
Schöpfungen Carl Alexanders, besitzt, bedarf keiner
Ausführung; es hat einen symbolischen Sinn, daß
es auf der Wartburg war, wo vom Großherzog
der Beschluß gefaßt wurde, dem Vermächtnis der
Enkel Goethes diese Gestalt zu geben. Der groß-
artigen Liberalität der Großherzogin Sophie, welche
mit ihren reichen Mitteln überall anregend und
fördernd eingriff, verdankt Weimar, dem Andenken
an Deutschlands größte Dichter gewidmet, den
klassischen Bau des Goethe-Schiller-Archivs, der,
hoch über den steilen Ufern der Ilm emporsteigend,
von seiner Terrasse einen weiten Ausblick auf die
Stadt, in der Goethe und Schiller gelebt und
gewirkt, und ihre anmutigen Umgebungen eröffnet,
rings von Erinnerungsstätten umrahmt, die an
vergangene große Zeiten gemahnen.

So wirkte in diesen Jahrzehnten eine Reihe
von Faktoren zusammen, um Weimar wieder zu

einem Mittelpunkt für mannigfache Bestrebungen
und Leistungen des geistigen und künstlerischen
Lebens zu gestalten; dem der Geschichte angehörigen
Weimar Carl Augusts stellte sich in der zweiten
Hälfte des neunzehnten Jahrhunderts — es würde
zuviel gesagt sein: ebenbürtig, aber würdig nach
dem Maß der Kräfte von Zeit und Menschen —
in neuem Gewande das Weimar Carl Alexanders
gegenüber. Daß die anmutige Thüringer Residenz
an den Ufern der Ilm nunmehr wieder wie früher
eine starke Anziehungskraft nach außen übte und
neben Musikern und Malern auch literarische Be=
rühmtheiten dauernd oder vorübergehend heranzog,
war unter diesen Umständen nur natürlich. Die
von Dingelstedt während seines Aufenthaltes in
Weimar ausgehende Anregung blieb nicht auf die
Bühne beschränkt; auch Gutzkow lebte und wirkte
hier während einer Reihe von Jahren als Sekretär
der Schiller=Stiftung; Friedrich Hebbel und Paul
Heyse trugen sich, vom Großherzog dazu angeregt,
zeitweilig mit dem Gedanken einer dauernden
Übersiedelung nach Weimar, ebenso David Strauß
und Otto Ludwig; auch Victor Scheffel trat dem
fürstlichen Herrn während längerer Aufenthalte
nahe und schrieb auf der Wartburg seine „Frau
Aventiure"; der Wunsch des Großherzogs, den
geistvollen Schriftsteller Max Waldau (Georg Spiller
von Hauenschild) nach Weimar zu ziehen, scheiterte
an dessen plötzlichem Tode; der in Leipzig seiner
Professur entsetzte namhafte Historiker Carl Bieder=

mann fand in Weimar für eine Reihe von Jahren eine Zuflucht als Leiter des Regierungsblattes, der „Weimarer Zeitung"; in neuerer Zeit machte die Niederlassung Friedrich Nietzsches in Weimar die Stadt Schillers und Goethes auch zum Mittelpunkt einer Nietzsche=Gemeinde und der Nietzsche=Forschung. Zahlreiche auswärtige Gelehrte und Künstler von Bedeutung führte im Laufe dieser Jahre — „Italien kennt keinen großen Namen, den dieses Haus nicht seinen Gast genannt" — eigener Antrieb oder die Gelegenheit von Festen und Versammlungen zu vorübergehendem Besuch nach Weimar. Zu den literarisch bekannten Persönlichkeiten, welche in diesem oder jenem Anlaß gern hier einkehrten, ge= hörten auch der Liszt nahe befreundete Adolph Stahr und seine Gattin Frau Fanny Lewald=Stahr, die letztere auch angezogen durch ihre persönlichen Be= ziehungen zum Großherzog Carl Alexander[1]). Mit Nennung ihres Namens wenden wir uns, nachdem wir einleitend das Weimar Carl Alexanders in gedrängten Zügen zu charakterisieren versucht haben, nunmehr der Aufgabe zu, welche diesen Blättern gestellt ist.

* * *

In den Oktobertagen des stürmischen Jahres 1848 war Fanny Lewald in Begleitung ihrer Freundin Therese von Bacheracht zum ersten Male nach Weimar gekommen. Man hatte für einige

---

[1]) Adolph Stahr war in Prenzlau am 22. Oktober 1805, Fanny Lewald in Königsberg am 24. März 1811 geboren.

Tage im Hotel zum Erbprinzen am Markte
Wohnung genommen, in dem einst Schiller bei seiner
ersten Anwesenheit in Weimar (1787) abgestiegen
war, und wo jetzt, vor seiner Übersiedelung auf die
Altenburg, Liszt eine Reihe von Zimmern inne hatte.

Fanny Lewald war damals schon eine Schrift=
stellerin von Ruf. Ihre beiden Romane „Clemen=
tine“ und „Jenny“ hatten Beachtung gefunden —
der letztere als eine warme Kundgebung für die
Emanzipation der Juden auch in politischen Kreisen.
Daß sie ungescheut und wirksam auszusprechen
verstand, was ihrer Überzeugung entsprach, hatte
sie auch in ihrem kurz vorher erschienenen Buch
„Diogena“ bewiesen, in dem sie die gefeierten
Moderomane der Gräfin Ida Hahn=Hahn — die
damalige Lieblingslektüre der gebildeten Welt —
mit der Lauge scharfer Satire übergossen hatte. Sie
hatte eben — was damals noch nichts Gewöhnliches
war — einen längern Aufenthalt in Italien und
vor allem in Rom hinter sich, wo sich ihr Seelen=
bündnis mit ihrem spätern Gatten Adolph Stahr
geknüpft, und war in Paris in den heißen Tagen
der Februarrevolution Augenzeugin der Vorgänge
gewesen, welche das Julikönigtum gestürzt und eine
neue politische Ära über die Länder Europas herauf=
geführt hatten. So war sie auch dadurch eine inter=
essante Persönlichkeit. In Weimar fand sie Freunde
aus der Zeit ihres römischen Aufenthaltes vor.

Auch ihre Freundin, Frau von Bacheracht, war
unter dem Namen Therese als Romanschriftstellerin

bekannt und stand mitten in der literarischen Strö=
mung der Zeit. Ihre nahen Beziehungen zu Gutzkow
waren kein Geheimnis. Schönheit und Anmut
unterstützten, wie Zeitgenossen bezeugten, ihre Er=
scheinung. Als vornehme Dame, als Tochter des
an den Höfen von Oldenburg und Mecklenburg
beglaubigten russischen Gesandten von Struve, fand
sie in Weimar auch bei Hof Zutritt und entgegen=
kommende Aufnahme.

Es scheint, daß durch Frau von Bacheracht die
Aufmerksamkeit des jungen Erbgroßherzogs auf die
Anwesenheit Fanny Lewalds in Weimar gelenkt
und dadurch in ihm, der gern mit bedeutenden
Menschen Anknüpfung suchte, der Wunsch rege
geworden war, ihre persönliche Bekanntschaft zu
machen. So ließ er sich denn eines Tages mit
kurz bemessener Frist zu einem Besuch im Hotel
zum Erbprinzen ansagen. Fanny Lewald hat später
geschildert, welchen Wirrwarr die unerwartete
fürstliche Anmeldung in den von den beiden
Freundinnen bewohnten Räumen angerichtet hatte;
erst im letzten Augenblick war es gelungen, den
mangelhaften Gasthofstisch, an dem der Erbgroß=
herzog sich niederlassen sollte, einigermaßen schicklich
mit einer weißen Serviette zu bedecken. Die Be=
gegnung aber verlief zur Befriedigung beider Teile
und ließ den Wunsch näherer Bekanntschaft zurück.

Fanny Lewald begab sich alsdann von Weimar
zunächst nach Dresden. Von hier schrieb sie, an
die mündliche Unterredung in Weimar und die

dort besprochenen Gegenstände anknüpfend, dem
Erbgroßherzog am 27. Oktober, und da dieser um=
gehend (am 31. Oktober) antwortete, so leitete sich
damit ein Briefwechsel zwischen diesen beiden in
Lebensstellung und Weltanschauung wie in der Art
ihrer geistigen Veranlagung so grundverschiedenen
Persönlichkeiten ein, welcher — zunächst meist um
literarische Tagesfragen sich bewegend, aber all=
mählich mit wachsendem Vertrauen weitere Kreise
ziehend, nur selten, insbesondere während der großen
politischen Krisen von 1866 und 1870, für kürzere
Zeit unterbrochen — über alle Wandlungen der
Zeiten und Jahre hinweg durch mehr als vier
Jahrzehnte sich fortsetzte, bis ihm erst der Tod
Fanny Lewalds am 5. August 1889 ein Ziel setzte;
der letzte Brief des Großherzogs ist am 4. Juli
1889, wenige Wochen vor ihrem Ende, geschrieben.
Die Briefe des Großherzogs liegen vor uns und
stellen sich in ihrer Gesamtheit als ein eigenartiges
literarisches Denkmal der Sinnesart des feinsinnigen,
hohen Zielen zugewandten fürstlichen Herrn dar,
welches für die .Beurteilung seiner Persönlichkeit
kein geringes Interesse darbieten dürfte, zumal in
dieser Richtung, so warm und einsichtig nach seinem
Dahinscheiden seine persönlichen Eigenschaften und
seine Verdienste von den berufensten Federn
Paul von Bojanowski, Ernst von Wildenbruch,
Julius Rodenberg, Karl Frenzel — gewürdigt
worden sind, im einzelnen noch wenig an die
Öffentlichkeit gelangt ist.

In dem langen Zeitraum dieses Briefwechsels wiederholten sich auch persönliche Begegnungen der beiden Korrespondenten häufig. Im Sommer 1851 weilte Fanny Lewald wiederum längere Zeit in Weimar, wo damals gleichzeitig auch Adolph Stahr anwesend war, und die persönlichen Beziehungen mit dem Erbgroßherzog, die bis dahin über die kurze Begegnung im Oktober 1848 nicht hinaus= gekommen waren, befestigten sich nunmehr im mündlichen Verkehr. Aus dem Schloß und aus der Sommerresidenz Ettersburg flog in diesen Wochen manches Billett in das Hotel zum Erb= prinzen hinüber. Nach Fanny Lewalds Vermäh= lung mit Stahr (6. Februar 1855) hielten beide Gatten an dem Zuge nach Weimar fest, kamen öfters dorthin und wurden von den großherzoglichen Herrschaften stets freundlich empfangen und gern gesehen. Im Jahre 1859 fügte es sich, daß Stahrs gleichzeitig mit dem Großherzog mehrere Wochen in Helgoland weilten, und dasselbe wiederholte sich im Jahre 1864 in Ostende. Aus der Helgo= länder Zeit sind Aufzeichnungen Fanny Lewalds erhalten über Gespräche bei gemeinsamen Wande= rungen am Strande oder am abendlichen Teetisch mit interessanten Mitteilungen des Großherzogs, unter anderm über seine Beurteilung Ottilie von Goethes, über sein Verhältnis zu den Goetheschen Enkeln, über die am Weimarer Hof früher durch mehrere bedeutende Damen vertretene Familie von Egloffstein. Später begegnete man sich gelegentlich

in Thüringer Badeorten. Bei seinen häufigen An=
wesenheiten in Berlin unterließ der Großherzog,
wenn irgend seine vielbesetzte Zeit es gestattete,
niemals, Frau Fanny Lewald=Stahr in ihrer
Wohnung aufzusuchen und sich über brennende
Fragen der Literatur und Kunst, über Menschen
und Dinge mündlich mit ihr zu unterhalten; vor
allem blieb er dieser Gewohnheit nach Stahrs
Tode (3. Oktober 1876) getreu, weil er wußte, wie
wohltuend und dankbar seine Besuche und die Aus=
sprache über Vergangenheit und Gegenwart emp=
funden wurden. Sein letzter Besuch in ihrer
Wohnung, Bendlerstraße 21, und damit seine letzte
Begegnung mit seiner Korrespondentin fand gegen
Ende Januar des Jahres 1889 — ihres Todes=
jahres — statt. Bezeichnend genug war einer der
Gegenstände dieser letzten Unterhaltung die von
beiden tief beklagte zunehmende sittliche Verwilderung
der Bühne und der Tagesliteratur.

*　　*　　*

Bei dem vorliegenden Briefwechsel berührt es
vor allem eigentümlich, daß er geführt ist — und
ohne Unterbrechung geführt während einer so langen
Reihe von Jahren — zwischen Persönlichkeiten von
so völlig verschiedenen Grundanschauungen über
wichtige Dinge des menschlichen Lebens, insbesondere
über kardinale Fragen der Politik und der Religion.
Aber diese Gegensätze stören nicht, wie es bei ge=
wöhnlicheren Naturen leicht der Fall gewesen sein

würde, den ruhigen Fortgang der Korrespondenz. Sie erscheinen fast nebensächlich. Neben dem Trennenden bleibt in ihren Beziehungen das Gemeinsame überwiegend, das ehrliche Streben nach Wahrheit, „das Menschliche", wie beide gern es ausdrücken, und wo einmal, wie es bei offenem Meinungsaustausch nicht anders sein kann, die Gegensätze hervortreten, versteht es der Großherzog vortrefflich, der dialektischen Überlegenheit seiner Partnerin gegenüber den eignen Standpunkt zu wahren, und es entgeht ihm nicht die Genugtuung, wahrzunehmen, wie im Laufe der Zeit die Anschauungen seiner Korrespondentin die Exzentrizitäten jüngerer Jahre abstreifen, und wie vor allem ihre politischen Auffassungen und Sympathien nach den großen Umwälzungen in Deutschland in den Jahren 1866 und 1870 mit den seinigen in vollem Einklange sind. Und was das Gemeinsame, das „Menschliche" angeht, so ziehen sich durch die vierzigjährige Korrespondenz wie rote Fäden vor allem zwei Namen, welche dafür bezeichnend sind: die Namen Goethe und Rom.

Dem Großherzog war die Hingabe an Goethe nicht allein ein Vermächtnis seiner Erziehung und seiner heimatlichen Überlieferungen, sondern auch ein innerstes Bedürfnis seiner Natur, und wer Fanny Lewalds geistige Entwicklung in ihren Schriften verfolgt hat, ist auch dort schon früh einer starken vorbildlichen Einwirkung Goethes begegnet. So trafen hier Sympathien und Ideen

von vornherein zusammen. Immer von neuem
kommt der Großherzog in seinen Briefen darauf
zurück, was Goethe für die Menschheit bedeutet,
auf seinen „wohltuenden Einfluß auf die Seele",
auf die erzieherische Macht seiner Persönlichkeit
und seiner Werke. Seine Lebensweisheit ist dem
Großherzog „das Rudersteuer in zerrissener Zeit".
Ein „Erzieher und Auferbauer" ist er ihm „für
jeden Menschen, der wahrhaft leben will, also
arbeiten, kämpfen und sich vervollkommnen", ein
„Vorbild in der Kunst, sich zu erziehen und zu
bilden", in dem auch er „immer von neuem seine
Hilfe sucht und findet", den „jeder braucht, der
wahrhaft sich zu bilden strebt", zu dem „die
deutsche Nation, je mehr sie vorwärtsschreitet,
immer mehr zurückkehren wird". „Goethe verstand
es, das Leben zu behandeln und seine Seele durch
das Leben, an dem Leben zur Vollendung heran=
zubilden. Egoismus nannte die Torheit oder der
Neid seine Objektivität. Sie war dennoch nur
das richtige Mittel zum erhabenen und erreichten
Ziel." In zahlreichen Wendungen kehren diese
Grundgedanken in den Briefen wieder, und man
erkennt, einen wie breiten Raum dieselben in dem
Seelenleben des Großherzogs einnahmen.

So begreift es sich, daß, als der letzte Wille
Walters von Goethe dem Großherzog Pflichten
auferlegte, „welche sich nicht bloß auf mein Land,
nicht bloß auf Deutschland, sondern auf die ganze
gebildete Welt beziehen", er diese Pflichten gern

und mit warmem Herzen auf sich nahm und den ihm daraus erwachsenden Aufgaben treue und unermüdliche Arbeit widmete. Auch in seinen Briefen aus jener Zeit spricht sich dies immer wiederkehrend aus. „In dem rastlosen Streben nach dem Guten und Schönen", in dem Kultus der „Arbeit", in dem bis in späte Lebensjahre festgehaltenen Ziel der Vervollkommnung der eignen Persönlichkeit, in der ehrlichen Achtung vor jedem Wissen und Können, in der Betätigung einer von den landläufigen Vorurteilen der Zeiten und Menschen freien Gesinnung findet sich der Großherzog mit seiner Korrespondentin zusammen; neben ihren Wahlspruch „arbeiten und nicht müde werden" stellt er den seinigen: „Vigilando ascendimus".

Gemeinsam war dem Großherzog und Fanny Lewald ferner der Zug des Herzens nach dem Süden und vor allem nach dem ewigen Rom. Auch dieser Ton klingt durch den ganzen Briefwechsel. Italien ist dem Großherzog nach einem gern von ihm angeführten Ausdruck von Radowitz „das ewige Sehnsuchtsland der Deutschen". Als er im Herbst 1852 mit seiner Gemahlin einen längern Aufenthalt in Sorrent genommen hatte, drängte es ihn von diesen reizvollen Gestaden und aus der Casa di Tasso zurück nach Rom. Auf Rom freut er sich am meisten. Von allen Orten Italiens ist es ihm der sympathischste. Nur dort möchte er leben. Der große geschichtliche Charakter der Stadt, die Eigenart der Umgebung, die Werke der Kunst

und des Altertums, die ganze Atmosphäre zogen
ihn mächtig an; auch in der römischen Gesellschaft
verkehrte er gern und knüpfte dort in den künstlerischen und wissenschaftlichen Kreisen dauernde
Beziehungen; mit jenem Herzog von Sermoneta
aus dem Hause Caëtani, der seinerzeit dem
König Viktor Emanuel den Beschluß des römischen
Volkes zu überbringen hatte, durch den die
Einheit Italiens vollendet ward, blieb er in freund-
schaftlicher und brieflicher Verbindung. „In
Rom" — schreibt er einmal — „bin ich immer
mit etwas wohnen geblieben." Dankbar gedenkt er
manchmal des Stahrschen Buches „Ein Jahr in
Italien" als seines treuen und zuverlässigen
Führers. „Stahr hat sich durch sein Werk über
Italien ein wahres Denkmal gesetzt."

In Fanny Lewalds Leben bezeichnet ihr erster
Aufenthalt in Rom die Epoche, in der sie nach
langen Kämpfen, die sie uns in ihrer „Lebensgeschichte" geschildert hat, im Vollbesitz ihrer Freiheit und Selbständigkeit zu Ruhe und Gleichgewicht
gelangte. Auch ihre Gedanken und Wünsche wendeten
sich immer wieder über die Alpen zurück und
klangen im brieflichen Austausch mit denjenigen
des Großherzogs zusammen. Als sie nach mehr
als zehn Jahren dieser Sehnsucht zum ersten Male
wieder folgen durfte, um mit ihrem Gatten einige
Wochen in dem gelobten Lande zuzubringen, deren
Eindrücke und Erlebnisse Stahr in seinen „Herbst-
monaten in Oberitalien" niedergelegt hat, verstand

und teilte der Großherzog ihre freudige Stimmung und gedachte dabei seiner eignen „immer wachsenden Sehnsucht nach dem Jenseits der Alpen", der er deshalb nicht folgen kann, wie er möchte, weil, „wer regiert, dient". Freundlich stattete er die Reisenden mit Ratschlägen und mit Empfehlungen an eine Mailänder Familie und an den geistvollen Maler Nerly aus, der in Venedig im Palazzo Pisani sein Atelier aufgeschlagen hatte.

Rom sah Fanny Lewald erst nach zwanzigjähriger Unterbrechung wieder und verbrachte dort mit ihrem Gatten den ereignisvollen Winter von 1866 auf 1867, hingenommen von den politischen Eindrücken jener bewegten Zeit und darüber dem Großherzog berichtend, der an ihren anschaulichen und farbenreichen Mitteilungen regsten Anteil nahm und die ahnende Zuversicht nicht zurückhielt, daß aus den Wirren und Erschütterungen des Tages eine neue und bessere Zeit für Rom und Italien hervorgehen werde. Noch zweimal führten nach dem Tode ihres Gatten Fanny Lewald ihre Wege wieder nach Rom, und immer begleitete sie des Großherzogs warmes Interesse. Der erste dieser Aufenthalte fiel in die Monate, in denen dem Tode Viktor Emanuels nach wenigen Wochen der Tod Pius IX. folgte, und es war ihr vergönnt an Ort und Stelle das Konklave mitzuerleben, aus dem die Wahl Leos XIII. hervorging. An politischem Stoff fehlte es also neben den sonstigen Eindrücken in dieser Zeit den Briefen nach Weimar nicht.

In den beiden Wintern, die sie jetzt in Rom zu=
bringen durfte, wohnte sie an der Via Gregoriana
in unmittelbarer Nähe von Trinita de Monti, von
dessen Terrasse am Fuß der Medicigärten sich einer
der herrlichsten Ausblicke über die Stadt, auf die
Kuppel von St. Peter und auf die Höhenzüge des
Monte Mario eröffnet. Von dort sah sie in ihrem
siebzigsten Lebensjahre zum letzten Male die ewige
Stadt, in der sie, wie sie einmal schreibt,
„die eigentliche Heimat ihres Herzens" hatte. Auch
der Großherzog blieb dem Zuge nach Rom bis an
sein Lebensende getreu; der letzte Besuch des Achtzig=
jährigen an dieser Stätte seiner Sehnsucht gehört
dem Jahre 1898 an.

Von der Berührung eigentlich politischer Dinge
hält sich der Briefwechsel des Großherzogs mit
Fanny Lewald im ganzen fern. Nur in den
ersten Jahren hatte er temperamentvollen Aus=
lassungen seiner Korrespondentin bisweilen das
ruhige Gleichmaß der eignen Anschauungen ent=
gegenzustellen. Es lag die Neigung, politisch sich
geltendzumachen, wie etwa sein Vetter und Nach=
barfürst, Herzog Ernst von Coburg=Gotha, wohl
überhaupt nicht im Wesen des Großherzogs. In
seinem Lande bewegte sich während seiner Re=
gierung die Entwicklung in friedlichem Einver=
ständnis zwischen Fürst und Volk geräuschlos in
den geordneten Bahnen eines ruhigen und be=
sonnenen Fortschrittes, und in den Fragen der
großen Politik, in denen während der folgenreichen

Jahre der innern Umgestaltung Deutschlands seine
Stellung wie nach seinen Gesinnungen so nach den
Verhältnissen eine gegebene war, erlegte ihm sein
nahes Verwandtschaftsverhältnis zum preußischen
Königs= und deutschen Kaiserhause vielleicht eine ge=
wisse Zurückhaltung auf, welche auch seiner Sinnes=
art entsprach. Auch in dieser Korrespondenz
schneidet er deshalb politische Fäden meistens kurz
ab oder spinnt sie nicht weiter. Als im Jahre
1858 nach matter und dunkler Zeit mit der Über=
nahme der Regentschaft durch den Prinzen von
Preußen zum ersten Male wieder ein frischerer
Luftzug durch Deutschland ging und Fanny Lewald
den sich daran knüpfenden Hoffnungen in lebhaften
Worten Ausdruck gegeben hatte, antwortet der Groß=
herzog nur: „Ich freue mich Ihres Urteils über
meinen Schwager, der das Vertrauen verdient, das
man in ihn setzt, und das er einflößt." Aber ge=
legentlich bleibt doch in diesen Briefen auch ein
politischer Meinungsaustausch nicht aus. So, wie
schon angedeutet, gegenüber den Vorgängen in
Italien, welche zur Gründung des Einheitsstaates
führten, und in denen der Großherzog mit freiem
und klarem Blick — darin unähnlich manchem
seiner fürstlichen Standesgenossen in jener Zeit —
den Zielen der Politik des Hauses Savoyen von
vornherein vorurteilsloses Verständnis entgegen=
trug. In den Deutschland bewegenden stürmischen
Zeiten der Jahre 1866 und 1870 ruhte der Brief=
wechsel, weil Interessen und Tätigkeit des Groß=

herzogs in andern Richtungen in Anspruch ge=
nommen waren. Während des deutsch=französischen
Krieges blieb er seinem königlichen Schwager zur
Seite und war Zeuge aller bedeutsamen Begeben=
heiten jener großen Tage bis zur Wiederauf=
richtung des deutschen Kaisertums, nicht ohne, wie
ihm von berufenster Seite bezeugt wird, in kritischen
Momenten der internationalen Lage seinen ver=
wandtschaftlichen und freundschaftlichen Einfluß in
Rußland zugunsten Deutschlands wirksam ver=
wenden zu können. Die Tagebücher des Groß=
herzogs aus dieser Zeit, wenn sie einmal voll=
ständig das Licht der Welt erblicken, werden gewiß
von großem Interesse sein, aber doch in anderm
Sinne als etwa diejenigen des Großherzogs Friedrich
von Baden, da er der Entwicklung zumal der
innern deutschen Verfassungsfragen wohl nicht so nahe
stand wie dieser. Nach seiner Rückkehr aus Frank=
reich hatte der Großherzog seiner Korrespondentin
auf einen Willkommensgruß zu erwidern. „Gottes
Allmacht und Barmherzigkeit"   schrieb er — „hat
sich so wunderbar an dem Vaterlande bewiesen,
daß man fast zu schwach sich fühlt, genug zu danken.
Ja, ,vorwärts', das rufe auch ich! Gebe uns Gott
die richtige Einsicht und Kraft, die große Aufgabe
vor der Geschichte zu erfüllen: das Reich auszu=
bauen und ihm richtig zu dienen. Ich habe dazu
sehr guten Mut." So schrieb der Großherzog vor
dreiunddreißig Jahren; daß in den spätern Stadien
der Entwicklung manche Erscheinungen hervortraten,

welche dieses Vertrauen auf die Probe zu stellen geeignet waren, verhehlte er sich nicht.

Wie könnte man treffender die innern Schäden der heutigen Tage bezeichnen, als der Großherzog es tut in einem im Jahre 1883 geschriebenen Briefe: „Unsere größte Gefahr sind die zersetzenden Parteiungen. Dies sind unsre wahren Feinde, von denen uns die größten Gefahren um so mehr drohen, als wir nichts tun, sie zu beseitigen. Könnte dies mit Monumenten und Ausstellungen geschehen, wäre uns geholfen." In den ernsten und sorgen= vollen Tagen, welche dem Tode Kaiser Wilhelms I. folgten, schreibt er seiner Korrespondentin: „Auf das Ganze und Große muß der Geist blicken, wenn das Einzelne schwer zu ertragen, fast unerträglich erscheint." Als treuer und warmer deutscher Patriot bewährte sich der Großherzog in allen schwierigen Lagen und Übergängen seines Lebens; das war bei ihm außer Frage; aber er war, wie die großen Weimaraner, ein universeller Geist und verstand ohne enge, nationale Befangenheit auch die Vorzüge und Leistungen andrer Nationen nach ihrem Werte zu würdigen; wie in seinem feinen Verständnis für das Beste der französischen und englischen Literatur, betätigte sich dies unter anderm auch darin, daß er ohne Rücksicht auf etwaige einheimische Empfindlichkeiten hervorragende aus= wärtige Künstler, wie die Belgier Pauwels und Verlat, als Lehrer an seine Kunstschule zog.

In manchem liebenswürdigen Zug zeigt sich

im Laufe des Briefwechsels die warme Anhänglich=
keit und Liebe des Großherzogs für sein Land, für
seine Thüringer Heimat. In seinen Thüringer
Bergen, im Schatten seiner Thüringer Tannen
fühlt er sich am wohlsten und bringt dies gern
zum Ausdruck. Jedes anerkennende Wort, welches
seines Thüringen, seiner Wartburg, seines Weimar
gedenkt, fällt bei ihm auf fruchtbaren Boden und
ist seiner Dankbarkeit gewiß. „Was man liebend
pflegt und pflegend liebt, von andren verstanden
und geliebt zu sehen, ist immer ein Glück." Und
stets erinnert er sich gern dabei des noblesse oblige.
„Sie wissen, was der Name, den wir tragen, der
Name Weimar, uns Geschwistern auferlegt." „Was
Weimar zu erstreben hat und erstrebt, wissen Sie;
dies Bemühen von Ihnen anerkannt zu sehen, ist
mir, als dem Verwalter des Anvertrauten, eine
wahre Freude."

Wenn der Großherzog seiner Korrespondentin
gelegentlich das Kompliment macht, „die erste
deutsche Schriftstellerin der Gegenwart" zu sein,
so wird dagegen nach dem Maßstabe ihrer Zeit
vielleicht kaum etwas eingewendet werden. Gewiß
aber ist sie in ihren Werken und in ihrer prak=
tischen Lebensbetätigung die erste Vertreterin und
Vorkämpferin der Grundsätze und Bestrebungen
gewesen, aus denen, immer weitere Kreise ziehend,
die Frauenfrage sich entwickelt hat. Ihre „Oster=
briefe" und ihre Schrift „Für und wider die
Frauen" stehen am Eingang dieser Bewegung. Wie

sie weithin Aufsehen erregten, fesselten sie auch die
Teilnahme des Großherzogs, und es gereichte ihm
zu bescheidner Genugtuung, festzustellen, daß mit
der Durchführung der Heranziehung der Frauen=
arbeit für die Zwecke des öffentlichen Lebens in
seinem Lande ein erster Versuch mit der Anstellung
einer Lehrerin an der Bürgerschule in Apolda
(1875) gemacht worden war. Gern suchte der
Großherzog für diese damals noch in ihren An=
fängen liegenden Bestrebungen auch das Interesse
und die Teilnahme seiner Gemahlin und seiner
Schwester, der deutschen Kaiserin, lebendig zu er=
halten.

Es ist wohltuend, während des langen Zeit=
raums von mehr als vierzig Jahren zu verfolgen,
wie der Briefwechsel zwischen dem Großherzog und
Fanny Lewald in allem Wandel der Zeiten, der
Interessen und des Lebensalters unentwegt auf den
Grundton des „Menschlichen" — das bevorzugte
Lieblingswort des Großherzogs — gestimmt bleibt.
Es sind nicht bloß Unterhaltungen zwischen einem
kunstsinnigen und wissensfreudigen Fürsten und
einer geistreichen Schriftstellerin, deren Berühmtheit
noch in aufsteigender Linie begriffen ist, über Welt,
Menschen und Dinge, sondern es bildet sich zugleich
in diesen Beziehungen ein wirklich nahes, persön=
liches Verhältnis heraus, das mit zunehmenden
Jahren, anstatt wie so manchmal zu erlahmen,
eher an Wärme gewinnt. Wie er mit seiner
Korrespondentin bis an deren Lebensende wichtige

Fragen der Literatur, der Kunst, der Zeitgeschichte
gern erörterte, so wendete er auch ihren persönlichen
Angelegenheiten, ihren großen und kleinen Sorgen
ein freundliches menschliches Interesse zu. Unver=
gessen blieb, daß in den schwierigen Verhältnissen,
in die Fanny Lewald und Adolph Stahr durch
die Entwicklung ihres Herzensbündnisses geraten
waren, der Großherzog aus eignem Antriebe sich
ihnen großherzig und hilfreich erwies und ihnen
nach Kräften beistand, zu dem ersehnten Ziel zu
gelangen, das nach schweren Kämpfen ihr Lebens=
glück dauernd begründete. Das Recht, seine Korrespon=
dentin seine „Freundin“ nennen zu dürfen, nahm der
Großherzog ausdrücklich für sich in Anspruch. An
den Vorgängen in ihrer Familie, ihren Reiseplänen,
ihren Wohnungswechseln, an den Wandlungen, die
der Tod ihres Gatten für sie mit sich brachte, an
allem, was sie bewegte und bedrückte, nahm er
wohltuenden Anteil. Und als mit den Jahren
ihre Kräfte nachließen und körperliche Leiden mehr
und mehr sich einstellten, die ihr den Flug über
die Alpen — noch immer das Ziel ihrer Sehnsucht —
unmöglich machten, war er ihr in fast rührender
Weise ein treuer Tröster. „Kein Alter gibt es,
nur ewige Jugend für die Seele, welche empor zur
Verschönerung strebt und wirkt.“ In kleinen Auf=
merksamkeiten für die Freundin ergeht er sich gern,
sendet ihr Erzeugnisse der Thüringer Landesindustrie
und sucht in den letzten Monaten ihres Lebens,
als sie vergeblich Kräftigung in veränderter Luft

und veränderten Umgebungen für sich erhofft, ihren Mut hochzuhalten. Noch in seinem letzten Brief vom 4. Juli 1889 malt er — im Begriff, von Weimar nach Wilhelmsthal, „inmitten thüringischer Berge", überzusiedeln — ihr eine Begegnung „auf irgend einem thüringischen Berggipfel, unter einer Tanne" aus, bei der er ihr von der gesteigerten Tätigkeit in Weimar infolge der Vereinigung des handschriftlichen Nachlasses Schillers mit dem Goethe=Archiv erzählen will. „Doppelte Pflichten" — schreibt der Großherzog — „treten an uns mithin heran, und verdoppelte Tätigkeit ist unser Losungswort um so mehr, als sich auch die An= sprüche an Weimar damit verdoppeln. Das wäre so ungefähr die Vorrede zu unsrer nächsten Unter= haltung, so Gott will." Mit diesen Akkorden klingt der vierzigjährige Briefwechsel aus.

*   *   *

Der Wiedergabe der Briefe selbst sind nur wenige Bemerkungen vorauszuschicken. In manchen ihrer Wendungen wird, wem es vergönnt gewesen ist, dem verewigten Großherzog persönlich näher= zutreten, ihn sprechen zu hören glauben. In der Ausdrucksweise mag bisweilen ein etwas begegnen, was sich aus dem häufigen Gebrauch der französischen Sprache von seiten des Großherzogs erklärt. War doch seine Mutter eine Russin, seine Gemahlin eine Niederländerin und das Französische in Weimar, wo bei Hof und in der Gesellschaft von jeher viele

ausländische Elemente sich zusammenfanden, nicht
allein noch lange die Sprache des Hofes und der
fürstlichen Familie, sondern auch der Großherzog
selbst war, von einem französischen Erzieher (Soret)
herangebildet, gewissermaßen französisch zu denken
gewohnt. Und wenn man in dem Wesen des Groß=
herzogs „einen leisen Stich in die Anempfindung
und die Pose" zu bemerken geglaubt hat, so mag
das für seine jüngeren Jahre vielleicht zutreffen
und in den Briefen sich in Äußerlichkeiten bis=
weilen erkennbar machen, so wenig es die innere
Wahrhaftigkeit und den Gehalt des Austausches
zu beeinflussen vermag. Und wenn endlich in der
Folge der Korrespondenz hier und da vielleicht der
Eindruck einer gewissen Eintönigkeit entsteht, so
wird zu beachten sein, daß die Briefe häufig in
denselben stets wiederkehrenden äußern Anlässen
— für literarische Zusendungen, für Glückwünsche
zu Jahreswechseln, Geburtstagen, Familienereig=
nissen dankend — geschrieben sind und deshalb für
sie ein gewisser Zuschnitt in der Einkleidung von
vornherein gegeben war.

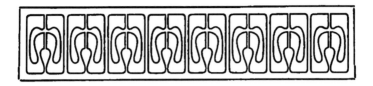

II. Briefe 1848—1889.

1.

Weimar, 31. Oktober 1848.

Zu Anfang Ihres italienischen Bilderbuches sagen Sie: „Es gibt einen Epikuräismus der Entsagung, den ich sehr süß finde; er besteht darin, sich den Genuß eines Glücks, dessen man sicher ist, so lange als möglich vorzuenthalten." Durch meine eilige Antwort[1]) bekenne ich mich also zu Ihrem Gegner, und dies im ersten Augenblick der Bekanntschaft, und überdies in einem Augenblick, wo ich

---

[1]) Auf einen Brief aus Dresden vom 27. Oktober 1848. In demselben heißt es: „Daß wir nach Wahrheit streben, das Gute wollen, das ist jener Adelsbrief der Gleichheit, die Ihnen, Königliche Hoheit, und Frau von Bacheracht und mir die Herzen zu offenem Aussprechen erschloß, als Sie mir die Freude Ihres Besuchs gönnten. Jene Stunde war eben eine von den Goldorangen des Glücks, von denen ich Ihnen erzählte, die uns das Schicksal unerwartet zuwirft, und die wir uns aneignen können, wenn wir die Hände darnach ausbreiten, statt sie uns, erschreckend, vor das Gesicht zu halten."

das Gegenteil empfinde von dem, was ich schreibe,
denn ich fühle mich nicht Ihr Gegner. Wickeln
Sie mich nun aus diesem Widerspruch, in welchen
Sie mich gütigst verflochten haben, heraus wie Sie
können. Vielleicht hilft Ihnen hiezu meine Dank=
barkeit, von deren Herzlichkeit ich Sie überzeugt
wissen möchte und auch in der Tat überzeugt halte.
Denn Sie werden mir ohne Versicherung glauben,
daß ich Sie genug zu kennen meine, um nicht in
künstliche Phrasen — könnte ich diese überhaupt —
meine Gefühle zu kleiden, die ich Ihnen aus=
zusprechen wünsche. Ich bringe sie Ihnen dar
in aller Aufrichtigkeit und mit der Freude, die
ich empfand, als ich heute Ihr Paket eröffnete und
Ihren Brief las. Meine Goldorange des Glücks
halte ich auch fest, wie Sie sehen, wie ich sie fest=
hielt, als ich Ihre Ankunft in Weimar erfuhr; ja,
ich behaupte sogar: ich besitze jenen Hesperidenapfel
ganz allein, denn die Bekanntschaft nur der Person
kann interessant und beglückend für den strebenden
Geist sein, welche ihn mit anerkannter Wirksamkeit
gepaart hat. Dies ist aber bei Ihnen, noch nicht
bei mir der Fall. Gönnen Sie mir den Glauben,
daß bei dem Streben nach der meinigen Sie mir
Ihr wohlmeinendes Interesse nicht versagen werden.

Ihre Bemerkung über den Goetheschen Brief=
wechsel[1] ist wahr. Betrachten wir indessen mensch=

---

[1] „Goethes Briefe an Frau von Stein (1776—1820),
herausgegeben von A. Schöll", erschienen in drei Bänden
in Weimar 1848—1851.

lich das Menschliche; sie, d. h. die Menschen,
urteilen über das Verhältnis, wie man auf Erden
es eben tut, weil man auf Erden wallt. Es liegt
etwas unendlich Gewöhnliches auf den ersten Blick
in dem Gesagten; indessen ist dem nicht so, denn
unsre Pflicht erfordert es, dies Menschliche auf=
zufassen. Hierinnen liegt ein Schlüssel zur Er=
kenntnis, zur Führung der Menschen. Ich trachte
hiernach, weil ich fühle, daß dies mir helfen wird,
meine Zeit zu erkennen und mein Steuerruder zu
lenken. Ist doch das Menschliche auch wahr, und
erfordert doch diese Zeit ewig die Wahrheit.

Ich möchte, Sie sagten, Sie brächten in Weimar
den Herbst zu! Dieser Wunsch ist auch wahr, wie
derjenige, in das Gedächtnis der Frau von Bacher=
acht[1] zurückgerufen zu werden und in dem Ihrigen
fortzuleben als

Ihr sehr ergebener Carl Alexander,
Erbgroßherzog von Sachsen.

2.

Weimar, 24. Dezember 1848.

Sie haben meinen stillen Wunsch erraten, in=
dem Sie mir aufs neue schrieben; ich bin Ihnen
also doppelten Dank schuldig, einmal, daß Sie

[1] Therese von Bacheracht, geb. 4. Juli 1804 zu Stutt=
gart, Tochter des russischen Gesandten von Struve in Hamburg,
— verheiratet 1825 mit dem russischen Generalkonsul
von Bacheracht in Hamburg, von demselben geschieden 1849 —,
wieder verheiratet mit dem niederländischen Oberst Heinrich

meiner wiederholt gedachten, dann, daß Sie unsre
Korrespondenz fortsetzten. Aber um so herzlicher
ist der Dank, wenn ich mich in den Inhalt Ihres
Schreibens recht hineindenke und fühle. Sie haben
in raschem Federzug die weiten Grenzen einer
ganzen Welt umlaufen, in die Sie mich mit
warmem Anteil verflechten. Dieser Anteil läßt
Sie, meine Gnädigste, in einen kleinen Widerspruch
fallen, denn die Republikanerin gibt dem Fürsten
Rat, wie er die Zeit erkennen und sie leiten, mit=
hin dem Lande sich nützlich machen, hierdurch aber
die Republik bekämpfen könne. Sie sehen, es ist
gefährlich, mit den Waffen spielen, denn nun
wenden sie sich gegen Sie; denn ich erkläre Ihnen,
daß Sie an mir, Ihnen zum Trotz, einen so vor=
trefflichen Schüler bekommen sollen, daß ich, immer
Dank sei es Ihnen, die Republik noch etwas fern=
halten dürfte. Vielleicht gelingt es mir, Ihnen
Glauben zu dem Gesagten einzuflößen, wenn ich
gestehe, daß ich im Lande nie den unbedingten
Besitz des Fürsten, wohl aber ein von Gott seiner
Sorgfalt anvertrautes Gut erkannte, über das er
Gott wie dem Volke Rechenschaft zu geben habe.
Hieraus folgt der Standpunkt des Fürsten, den
die Stürme der jetzigen Zeit klarer gezeichnet haben.
Er ist nicht immer leicht; das weiß der am besten,
der ihn so wollte; allein, ich wenigstens finde, daß

von Lützow, gest. auf Java 16. September 1852. Über ihr
Verhältnis zu Therese von Bacheracht hat sich Fanny Lewald
in ihrer „Lebensgeschichte 1861—1869" eingehend ausgesprochen.

das Leben im Leichten nie ein volles Leben ist;
deshalb klage ich nicht über den Kampf, sondern
fühle mich gestärkt wie am Körper in der Brandung
der See. Aber klagen tue ich, daß mancher, von
dem so vieles abhängt, diesem Kampfe fernstehen
zu wollen scheint, und deshalb seufze ich mit Ihnen,
daß der richtige Rat da zu fehlen scheint, wo auch
ohne ihn das Richtige und Weise gefühlt werden
sollte. Wäre dies der Fall gewesen, so würden
allerdings die Zustände in Preußen anders sich
herausgestellt haben. Indessen ist es nun einmal
so, und frisch wollen wir mit dem Strome vor=
wärtsschwimmen. Es ist dies die Grundbedingnis
zu dem möglichen Sieg in den Kämpfen, die uns,
befürchte ich, noch bevorstehen.

Sie kritisieren das Wort „menschlich", das ich
rücksichtlich der Steinschen Briefe anwendete, doch
was Sie sagen, beweist mir, daß wir einerlei
Meinung. Göttlich, sagen Sie, müsse man, müsse
ein Fürst urteilen. Aber dies eben ist auch das
Menschliche! Soll ein Fürst göttlich über Menschen
urteilen, so muß er die Gefühle, die Leiden, die
Freuden derselben kennen, fühlen, um das Göttliche
eben diesen anzupassen und es menschlich zu machen.
Was ist nun menschlicher, als daß zwei edle Seelen
sich erkennen, sich lieben! Das menschliche Gefühl
erkennt dies und toleriert es, freut sich und leidet
mit — die Leute aber verfolgen das Verhältnis
mit den Augen und Zungen der Welt — vielleicht
könnte man die Gesinnung daher eine weltliche nennen!

Noch einen Dank habe ich Ihnen auszu=
sprechen, und zwar für Ihr Werk über Italien[1]).
Jetzt, wo ich es kenne, kann ich Ihnen erst recht
danken. Sie haben mir wahre Freude, wahren
Genuß mit demselben bereitet. Es ist immer ver=
dienstlich, wenn man sein Selbst ist und sein will
und namentlich da und dann, wo und wann viele
ein und dieselbe Straße laufen zu müssen glauben.
Wie sonderbar doch, daß das, was am nächsten
scheint, das entfernteste ist! Was scheint aber
natürlicher, als daß man, wenn man ein Ich hat,
auch ein Ich ist, und doch sind die wenigsten Ich,
gewöhnlich weil sie der oder die oder das sein
wollen.

Doch Sie schreiben Werke, und ich werfe, wie
Sie sehen, mit Artikeln um mich herum — das
Kind spielt mit den einzelnen Lettern des Schrift=
setzers — daher ist es besser, daß ich, mein be=
scheidenes Ich erkennend, Ihnen für heute Lebe=
wohl sage. Meine besten Wünsche für Sie zum
neuen Jahre, mir selbst der Glaube, daß Sie ge=
wogen bleiben werden

Ihrem aufrichtig ergebenen
Carl Alexander.

3.

Weimar, 26. Januar 1849.
Schade, daß Sie sich nicht aus Sich selbst
hinausversetzen können, um Ihre Werke so zu ge=

---

[1]) Italienisches Bilderbuch, 1847.

nießen, wie die es tun, welchen Sie dieselben
reichen — Sie würden bei dem Empfang Ihres
Briefes vom 20. dieselbe Freude, bei dem Lesen
desselben gleichen Genuß wie ich gehabt haben.
Glauben Sie mir also, daß mein Dank ein sehr
herzlicher ist. — Ihre pikanten und geistreichen
Erklärungen, warum Sie das Leben in den privi-
legierten Sommergenußorten nicht leiden können,
und nun endlich dies Kulissendetail jener Viertel-
stunde, die unsrer Bekanntschaft vorausging[1]),
versetzten mich in so tolle Laune, daß ich auf
meinem Stuhl in lautes Lachen ausbrach und die
Ruhe in dem Schlafzimmer meiner Frau über den
Haufen warf, wo ich gerade nach ihrer am 20.
erfolgten Niederkunft Wache hielt[2]). Auch in
jenen Erklärungen wie Bekenntnissen liegt eine
neue Sympathie zwischen uns beiden, denn ich lache
gern und hasse die Badeorte — ja selbst auf einen
und denselben Grund konzentriert sich unser Haß —
denn Franzensbrunn ist am Ende einer dort ver-
lebten Woche fast mein Tod, vor langer Weile ge-

---

[1]) Schilderung der Verwirrung, welche die unerwartete
Anmeldung des Erbgroßherzogs in den von Fanny Lewald
und ihrer Freundin bewohnten Räumen des Hotels zum Erbprinzen hervorgerufen hatte. Ihren und Therese von Bacheracht
damaligen Aufenthalt in Weimar hat Fanny Lewald in ihren
Erinnerungen an „Franz Lißt, 1886" (Zwölf Bilder nach
dem Leben, Berlin 1888, S. 334 ff.) näher beschrieben.

[2]) Am 20. Januar 1849 war die Prinzessin Marie, die
spätere Gemahlin des Prinzen Heinrich VII. von Reuß-Schleiz-
Köstritz, geboren.

worden. Für Ihre Erzählung der Gasthoferlebnisse bin ich Ihnen übrigens noch aus einem andern Grunde dankbar. Dieselbe Gesinnung, welche das „menschliche Urteil" mir inspirieren durfte, läßt mich einen eigenen Wert in jedes Lebensdetail, weil es ein solches ist, legen — deshalb danke ich Ihnen noch besonders, mir diese spezielle Freude gemacht zu haben, die Sie vollkommen erkennen werden, denn Ihr Wunsch, das Volk zu studieren und Ihre Projekte für das Vachatal[1]) dürften doch nur auf etwas Ähnlichem, wenn auch nicht allein, basiert sein. Wie sehr ich mich übrigens über diese Projekte freue, müssen Sie selbst fühlen, nicht weniger, daß es mein sehr aufrichtiger Wunsch sein muß, Sie vom Projektieren zum Realisieren schreiten zu sehen. — Wäre ich einmal in der Hölle, ich glaube, Lucifer machte mich, aus Rück=sicht zu diesem besonderen Beobachtungshang, zum diable boiteux, dessen wahre Partikularität gerade diese Beobachtungslust ist. Und wie viele Menschen gelüstet es gerade, das Leben n i c h t zu sehen, wie es ist! Ihre Meinung rücksichtlich meines Selbst rührt und ehrt mich, indessen — trève de compli-ments — dürfte ich noch weit davon sein, der zu sein, den Sie so gütig beurteilen. In einem haben Sie Sich aber nicht geirrt, es ist in der sehr aufrichtigen Erwiderung des Vertrauens, welches

---

[1]) Projekt eines Sommeraufenthaltes im Vachatal, un=weit Eisenach.

Sie mir geschenkt. Sie sagen mir ein sehr wahres
Wort: Seien Sie Sie selbst! Darnach ringe ich
und es tuend, sehe ich erstaunt, wie wenig über=
haupt man gerade dieses ist! Ihre Prophezeiung
auf gutes Gelingen nehme ich dankbar an, denn
im Kampfe tut es wohl, wenn eine Seele, die
sich mit uns identifiziert, aus eben diesem Kampf
die Ahnung des Gelingens fühlt und so von
Bergesgipfel zu Bergesgipfel blickt, während der
Kämpfer im Tal, vor Tiefe desselben, nicht immer
die höchste Höhe mehr sehen kann. — Das Buch,
dessen Sie erwähnen [1]), werde ich mir gleich kommen
lassen; ich empfehle Ihnen dagegen eins, dem ich
vielen Genuß und merkwürdige Aufschlüsse über
die jetzigen Zustände in Italien verdanke; es ist
Levin Schückings „Römerfahrt" [2]). Aus dem Buche
empfehle ich Ihnen besonders den Brief Venturas,
des Metropoliten von Messina, an Monseigneur
Sibour, Erzbischof von Paris, ein kühnes, von
Wahrheit leuchtendes Werk, das in Frankreich
wohl befolgt werden dürfte! —

Sie mögen keine neuen Worte, drum will ich
Ihnen eines sagen, an das Sie Sich schon gewöhnt
haben werden, nämlich: die sehr aufrichtige Er=
gebenheit, die ich für Sie hege.

---

[1]) Fanny Lewald hatte dem Erbgroßherzog das im Jahre
1847 erschienene Buch ihres Freundes Adolph Stahr „Ein
Jahr in Italien" zur Lektüre empfohlen.

[2]) Erschienen Coblenz 1848. Zweite Auflage 1860.

4.

Ohne Datum.
(Weimar, um Mitte März 1849.)

Meinen epistolaren guten Willen zu beweisen, ergreife ich alsobald wieder die Feder. Sie danke Ihnen für die gütigen Zeilen, nicht minder für die Aussicht, welche Sie mir eröffnen, nächstens den kleinen Dämon kennen zu lernen, der sich in unsre Korrespondenz gedrängt. Der Name, den er führt, vor allem die Hand, die ihn gebildet, lassen auf Geist und Witz schließen und diese behaupten ihren Platz. Sie behaupten ihn, indem der Brief so trefflich den jetzigen Zustand der Kammern[1]) mit dem Stimmen der Instrumente vor Beginn der Symphonie charakterisiert. Ich harre dieser Symphonie wie Sie; sollten wir dieses gleich in verschiedenen Logen tun, so umfängt uns doch ein und dasselbe Dach. — Sehr geschmeichelt fühle ich mich durch die Anwendung, welche Sie auf mich von dem Satze nehmen, daß „nichts Zufall ist", umsomehr ich von jeher fest und innig daran geglaubt. Ich finde es deshalb ebenso irrig, das Gegenteil aufzustellen, oder wohl gar dem Zufall eine Macht einzuräumen, als es mir falsch dünkt, etwa das Alter der Menschen nach ihren Jahren zu beurteilen, oder überhaupt dem Urteile andrer nach=

---

[1]) Der auf Grund der neuen oktroyierten preußischen Verfassung vom 26. Februar 1849 in Berlin zusammengetretenen Kammern.

zugehen, weil es einmal so abgeurteilt ist. Ent=
wickeln Sie sich daher gefälligst aus dem Gesagten
das nicht geringe Vergnügen, was ich empfand, als
ich aus Ihrem Brief entdeckte, daß Sie in gleichen
Banden befangen sind. Denn Ihr Bedauern über
die Verbarrikadierung unserer Existenz ist eben
nichts andres, und die Serviette auf Ihrem Tisch
im Gasthofe zu Weimar, ausgebreitet pour me
recevoir dignement, wird für mich zur Siegesfahne,
denn die kleine, saubere beweist mir, daß auch Sie
vorgefaßte Meinungen haben, auch Sie verbarri=
kadiert sind, wenn wir es sein sollten. Daß ich
nun aber im Vollgenuß meines Gaudiums hierüber
Ihnen die Hand küssen dürfe, müssen Sie mir ge=
statten, denn jener Dämon Louis Ferdinand[1])
wird Ihnen schon längst gelernt haben, daß die
Galanterie gegen das schöne Geschlecht — im be=
sonderen gegen geistreiche Frauen — das älteste
unantastbarste Recht der Fürsten ist! — Als Frau
werden Sie aber auch begreiflich finden, daß ein
Mann neugierig sein könne, und deshalb bitte ich
gar schön, daß Sie mir doch ja nicht jene Anekdote
Bettinas über den Belagerungszustand entgehen
lassen. Daß ich konsequenterweise mich nächstens
auf Ihre Korrespondenz stürzen werde, welche in
der Zeitung steht[2]), werden, müssen Sie mir

---

[1]) Es handelt sich um Fanny Lewalds im Jahre 1849
erschienenen Roman Prinz Louis Ferdinand.

[2]) Der Märzmonat in Paris, Briefe Fanny Lewalds im
Cottaschen Morgenblatt.

glauben, denn ich habe das Gefühl, mich heute in lauter Konsequenzen umherzutreiben. Endlich werde ich auch demzufolge nächstens Mirabeaus Brief=wechsel[1]) vornehmen — um in der Kenntnis Ihrer selbst vorzuschreiten, denn eines der größten Mittel, andre kennen zu lernen, ist, finde ich, das zu studieren, was diese andren bewundern oder nicht mögen. Deshalb interessiert mich auch bei Per=sonen, die mich interessieren, die Frage weit mehr: was lesen Sie? als jene: wie befinden Sie sich? Denn erstere gibt den Barometerstand, die Ent=wicklungsstufe und Fähigkeit der Seele dieses Mikrokosmus der Welt an. Und der Körper ist ein Atom zu jenem, wenn auch ein respektables. — Schreiben Sie ja jenen Aufsatz, von dem Sie die Absicht hegen[2]). Ihre Bemerkungen versprechen in jedem Falle einen höchst geistreichen. — Ich gestehe zu meiner Beschämung, daß mir die Episode von Luise Braun[3]) in dem politischen Chaos ganz ent=gangen ist. Ist sie eine Betrügerin, so entlarve man sie je eher je lieber, nur schade, daß sich so viele geistige und körperliche Ärzte um das origine

---

[1]) Es handelt sich nicht um neuere Veröffentlichungen, sondern um die Briefe Mirabeaus an Sophie von Monnier, welche in den Œuvres choisies, Paris 1820 (4 Bände), ab=gedruckt sind. Auf dieselben war Fanny Lewald von Stahr aufmerksam gemacht worden.

[2]) Über Mirabeaus Briefwechsel.

[3]) Eine Schwindlerin, die in Berlin wegen angeblicher Wunderkuren Zulauf aus allen Gesellschaftskreisen fand.

von Krankheiten streiten, während dem der Kranke
stirbt oder sie ansteckt. Hier scheint in der Tat,
wie Sie die Details mir geben, ein Betrug zugrunde
zu liegen. Mir ist es immer ein Greuel gewesen,
wenn man aus dem Leiden eines Menschen ein
Spektakel macht, dabei ist der Magnetismus ein so
unbekanntes Feld! Es kommt mir dieses Benutzen
der noch nicht erforschten Kraft vor, als böte ein
Weltentdecker Güter auf dem noch zu entdeckenden
Lande zum Verkaufe aus!

Ich trenne mich nun von meinem Brief, ihn
der Eisenbahn anzuvertrauen. Nehmen Sie ihn
auf, wie er geschrieben.

5.

Ettersburg bei Weimar, 19. Juni 1849.

Ihr Brief, Ihre Zusendung des neu er=
schienenen Werkes[1]) hat mich erfreut, hat mich
beschämt. Auf Ihren letzten gütigen Brief ant=
wortete ich nur mit Stillschweigen, in Ihrer Nähe
war ich, ohne Sie aufzusuchen — und dieses alles
großmütigst vergessend, schreiben Sie mir und be=
schenken mich obendrein. Dies ist in der Tat
wahrhaft gütig und liebenswürdig, empfangen Sie
meinen innigsten Dank dafür. Auf das Buch bin
ich sehr gespannt und freue mich mit Ungeduld, die
Feder wiederzufinden, welche durch das „Bilderbuch

---

[1]) Prinz Louis Ferdinand.

aus Italien" mir so lieb geworden ist. Ich werde
auf klassischem Boden die Lektüre beginnen, unter
demselben Dache, wo Schiller die Maria Stuart[1]
und Goethe manches seiner Stücke dichtete.

Daß der Kummer, der Ihnen durch die baldige
Trennung von Ihrer Freundin bevorsteht, Sie
treffen mußte, betrübt mich sehr. Ich fühlte tief
Ihren Schmerz. Möge die Ursache, die Wieder=
verheiratung und Abreise der Frau v. B., wirklich
zu ihrem Glück führen, dies wünsche ich von Herzen!
Welch wunderbares Märchen ist doch das Leben!
Oft verläuft es ganz damit, daß man den Schlüssel
sucht, der uns das, was uns das wahre Glück
scheint, erschließen soll und den eine unsichtbare
Macht uns vorzuenthalten scheint. Bisweilen möchte
man glauben, das Glück liege eben im Suchen.

Ich sende meine Zeilen nach Pyrmont, von
wo Sie mir vielleicht wissen lassen, wie es Ihnen
geht. Mir ist es so bunt und wunderbar ergangen
wie im Traum. Als ich Ihren letzten Brief er=
hielt, war ich im Begriff, in den Krieg zu eilen, wo
ein neues Feld sich meinem Leben eröffnete[2]. Ich
war nicht imstande, zur Feder zu greifen, meine
Seele war zu unruhig. Mein Körper war es

---

[1] „Ich habe mich einige Wochen nach Ettersburg zurück=
gezogen, wo ich bloß mit meinem Bedienten in einem weima=
rischen Schloß lebte und die Maria Stuart beendigte." Schiller
an Körner, 16. Juni 1800.

[2] Der Erbgroßherzog nahm an dem Feldzuge gegen Däne=
mark in Schleswig=Holstein teil.

ebensosehr bei meiner Rückkehr nach Berlin, deshalb blieb ich fern. Ich habe manches erlebt und erlitten und denke an Erfahrung reicher von den Schlachtfeldern zurückgekehrt zu sein.

Ich schreibe Ihnen im Freien, hinter einem Hollunderbusch, wo Käfer und Mücken sich in die Korrespondenz mischen, daher auch dieser Brief etwas abenteuerlich sich ausnehmen mag.

Meine besten Wünsche zur Kur und die Bitte, daß Sie Ihr Andenken mir erhalten mögen.

6.

Ettersburg bei Weimar, 4. Oktob. 1849.

Ihren Brief vom 26. habe ich mit Freuden empfangen, mit Verwunderung begonnen, mit Rührung beendigt. Wenn man jemandem ergeben, begrüßt man freudig jedes Lebenszeichen von ihm, besonders wenn Sehnsucht nach demselben vorausgegangen. Es war dies der Fall bei mir; seit Monaten hatte ich keinen Brief von Ihnen erhalten, der letzte war aus Berlin vor der Abreise nach Pyrmont. Denken Sie sich mein Erstaunen, als ich in Ihrem Brief Vorwürfe finde, die ich Ihnen in meinem Herzen zu machen begonnen, ja eine Betrübniß aus vermeintlichem Vergessensein entsprungen erkannte, die ich meiner Seele entlehnt wähnte. Sie gaben mir Ihre Adresse nach Pyrmont; dorthin schrieb ich Ihnen, den Empfang Ihres Buches anzeigend, was ich im Begriff stand,

zu lesen. Seitdem verschwand für mich jede Spur
von Ihnen. Vor drei Wochen ungefähr erfuhr ich
von einem Dritten zufällig, Sie seien in Helgoland.
Unsre Korrespondenz ist mir aber zu wert, gestehe
ich, als daß ich sie auf gut Glück den Schicksalen
der Post anvertrauen möchte. Ich unterließ daher
umsomehr zu schreiben, da die Nachricht Ihres
Aufenthaltes in Helgoland überdies eine ganz un=
bestimmte war. Sie schrieben mir nicht mehr.
Der 28. August war vorüber, ich hatte, gestehe ich,
geglaubt, Sie würden an diesem Tage¹) uns hier
überraschen, doch Sie kamen nicht. So bildeten
sich in mir ähnliche Gedanken wie die, welche ich
in Ihrem Briefe zu meinem Erstaunen fand. Dies
der einfache Hergang der Sache, die einfache Er=
zählung, nicht die Entschuldigung, denn dieses Wort
paßt nur für den, der etwas verschuldet, und mit
dem besten Willen schwarz zu werden, bleibe ich
weiß. Übrigens freue ich mich fast, daß es so ge=
kommen, denn diesem Mißgeschick verdanke ich aufs
neue den Beweis, daß diese Korrespondenz Ihnen
angenehm, ja daß mein Urteil sogar von Ihnen
verlangt werde. Dieses setzt mich in nicht geringe
Verlegenheit, denn ein Urteil ist zugleich eine Art
Bekenntnis dessen, der urteilt, und über den, zu
dem man spricht. Letzteres besonders setzt aber
immer eine genauere Bekanntschaft voraus, und ich
weiß in der Tat noch nicht, ob ich die hier statuieren

---

¹) Zur Feier von Goethes hundertjährigem Geburtstage.

soll. Indessen habe ich Vertrauen zu Ihnen und
will deshalb wagen. Ihr Werk hat mich interessiert
durch die Unabhängigkeit der Auffassung Ihrer
Ideen, durch das Merkenswerte des Zusammen=
getragenen, durch manche Äußerung, manche Ge=
danken, die meine Seele erklingen machten wie ein
Schlag auf eine Glocke. Ich hätte gewünscht, daß
Sie Ihr Buch nicht Roman betitelt hätten. Sie
hätten es einfach Leben des P. L. F. nennen sollen.
Der Roman bedingt ein Feld zum Dichten und
Schaffen. Dies Feld wird aber bis zur Unmög=
lichkeit beengt, wenn sich der Roman auf Tatsachen
bezieht, die eben erst stattfanden, auf Personen, die
teils eben gestorben, teils noch leben. Dies scheint
mir der Fall mit Ihrem Werk. Sie führen lauter
Tatsachen und Personen auf, qui sont des faits
qui hier encore existaient, und über die sich des=
halb kaum romanisieren läßt. Eine Lebens=
beschreibung bedingt diese, ein Roman bedingt die
Freiheit des Feldes, meine ich, wenn auch Faktas
als Anhaltepunkte vorkommen können. Übrigens
bin ich überzeugt, daß Ihr Werk Glück machen
wird, denn es gehört der Zeit, der es entsprungen,
und trägt den Stempel des Geistes, der es schuf.
Was Sie über meinen Freund Liszt[1]) sagen,

---

[1]) Fanny Lewald war im August 1849 mit Liszt in
Helgoland zusammengetroffen, nachdem sie dessen persönliche
Bekanntschaft schon während ihres Aufenthaltes in Weimar im
Oktober 1848 durch Vermittlung Therese von Bacherachts ge=
macht hatte.

erfreut mich wahrhaft, weil es mir aus der Seele
gesagt ist. Die Welt beurteilt gewöhnlich schief,
was sie nicht begreift. So ergeht es ihm. Die
meisten bleiben vor seinen Eigentümlichkeiten stehen,
ohne sich zu sagen, daß der Geist noch weit mehr
es sein müsse, der so sich äußert; wie viele haben
seinem Spiel, wie wenige seinem Geiste gelauscht.
Sie nennen ihn groß, wie stimme ich hierin mit
ein! Er ist eine der seltensten Erscheinungen, die
es gab und gibt. Mit Stolz sage ich, daß ich dies
recht im Herzen fühle. Er besitzt eine Gabe zu
erleuchten, zu beleben, wie ich es im Umgange mit
niemandem gefunden. Ich habe nie in der Persönlichkeit eines Mannes das Wort Geist so ausgesprochen gefunden, als in ihm. Ich liebe ihn mit
allen Kräften der Bewunderung und Dankbarkeit.

Sie haben mich gerührt durch Ihre Ansprache
an das Gefühl der Humanität, was Sie von mir
fordern. Sie haben hierzu ein Recht, denn Sie
kennen mich mehr als andre, und nach dem, was
Sie mir geschrieben und gesagt, müssen Sie vermuten, daß ich ein Herz für das Gehörte habe.
Dem ist so; ich darf wagen, dies Bekenntnis ab-
zulegen, weil ich seine Wahrheit fühle. Daß der
Ort, dem ich stolz bin anzugehören, die Milde
atmet, hat er durch den Weg bewiesen, den man
in diesen ernsten Zeiten bei uns gegangen, den
man noch geht. Daß ich ihn bezeichne, als einen
mir sympathischen bezeichne, beweist Ihnen das Gesagte. Wenn Sie Freunde unter den unglücklichen

Verirrten[1]) zählen, so bedaure ich Sie von Herzen,
denn doppelt mußten Sie leiden, als Sie sahen, wie
wenig denen die Mittel heilig waren! Es werde
Licht in den Seelen! Dies sei das Gebet zum Herrn!

Wenn Sie Berlin verlassen, so vergessen Sie
doch nicht, daß Weimar auch in der erreichbaren
Welt liegt, damit man Ihnen beweisen könne, daß
man seine Bekannten nicht vergißt, wenn man
auch in Berlin einen Moment sich aufhält, und,
erdrückt von verwandtschaftlichen Pflichten, nicht
mehr sein Herr bleibt. Überdies schrieben Sie mir
damals, Sie begriffen dies, und dennoch werfen
Sie mir den Handschuh hin.

Ich habe einen Brief von Frau von Lützow
erhalten an Bord des Java vom 29. September.
Vielleicht fehlen Ihnen Nachrichten, und es wäre
Ihnen lieb, sie zu erhalten. Gestatten Sie mir
daher, Ihnen diesen Brief mitzuteilen.

Und nun leben Sie wohl und lassen Sie mich
hoffen, daß der Schleier des Mißtrauens zerrissen
und die Sonne Ihrer Freundschaft wieder leuchtet
Ihrem ganz ergebenen   C. A.

7.

Ohne Datum.
(Weimar, Anfang November 1849.)

Ich wollte eben auf Ihren vor vierzehn Tagen
erhaltenen Brief antworten, als der vom 30. v. M.

---

[1]) Den politischen Flüchtlingen und Opfern der revolu-
tionären Bewegungen in Sachsen, Baden und der Pfalz.

mich erfreute. Ich fasse nun meinen Dank zu=
sammen und bitte Sie, den aufrichtigen Ausdruck
desselben annehmen zu wollen. Mit nicht weniger
Dank als Ihre Briefe empfing ich die Novellen
Ihrer Freundin. Wüßte ich bestimmt, wo sie an=
zutreffen, so adressierte ich ihr jetzt gleich eine
Dankesepistel, aber das Objekt derselben zwischen
Weimar, Peking und Batavia suchen zu müssen,
ist denn doch zu gewagt für eine schüchterne Feder
wie die meinige, einer Schriftstellerin namentlich
gegenüber. Was Ihre Anfrage rücksichtlich der
Sendungen an Ihre Freundin betrifft, so glaube
ich am besten raten zu können, wenn ich Ihnen
vorschlage, Briefe und Pakete mir zukommen zu
lassen. Ich werde sie dann dem Sekretär der
Herzogin Bernhard[1]) überliefern, es ist dies
wenigstens ein sicherer Mann, in jedem Falle
sicherer, als die tausend und abertausend Meilen,
welche uns leider von dem Traumland des Südens
trennen.

Sehr neugierig bin ich auf Ihre zu erwartenden
neuen Werke und namentlich, gestehe ich, seitdem
Sie meine critique de laique des Prinzen L.
Ferdinand so gütig aufgenommen haben. Ich werde
nun das Neue mit umsomehr Freude lesen, als ich

---

[1]) Herzogin Ida, geb. Prinzessin von Sachsen=Meiningen,
Gemahlin des Herzogs Carl Bernhard, zweiten Sohnes des
Großherzogs Carl August (geb. 1792, gest. 1862), welcher von
1848 bis 1853 Oberbefehlshaber der niederländisch=indischen
Armee in Java war.

weiß, daß ich es dem Autor gegenüber unbefangen beurteilen kann; denn das Aussprechen über einen gehabten Genuß ist doppelter Genuß. Ihre Jenny[1] werde ich sofort zur Hand nehmen, bezeichnen Sie mir doch dieses Buch als Schlüssel Ihrer eigenen Lebensgeschichte, — ein wichtiges Bekenntnis, was ich mir nicht entschlüpfen lassen darf. So selten lernt man jemanden wahrhaft kennen, bietet er aber selbst die Hand dazu, so ist es wenigstens Torheit in vielen Fällen, es nicht zu benutzen, in manchen kann es sogar Unrecht werden. Hier wäre es in jedem Falle das erstere. Schade, daß ich Ihnen als échange keinen Schlüssel meines Selbst schicken kann, wenigstens nicht in Romanform. Wozu übrigens wäre dies nötig, da ich überzeugt bin, daß Sie mit Ihren klugen Augen mich längst durch und durch geschaut haben. Indessen will ich Ihnen doch wenigstens sagen, was ich jetzt lese; dergleichen Bekenntnisse sind wie ein Journal der Seele und stellen diese heller dar, als manches Bekenntnis in langen Worten. Ich lese die Geschichte Englands von Macaulay[2], dieses wundersame Buch, was, jetzt erschienen, vielleicht deshalb so viel Aufsehen macht, weil es uns in vielem beweist, wie wir es

---

[1] Fanny Lewalds erster Roman „Clementine" war 1842, „Jenny" 1843 erschienen, ihr Buch „Diogena. Von Iduna Gräfin H. H." — eine Satire auf die Schreibweise der damals viel gelesenen Romanschriftstellerin Gräfin Ida Hahn-Hahn — 1847.

[2] Von Macaulays Werk: „The History of England", waren die beiden ersten Bände 1848 erschienen.

hätten machen können und nicht gemacht haben.
Mit diesem mysteriösen Urteile empfehle ich Ihnen
die Lektüre des Buches im Original oder in der
Übersetzung. — Daß Sie Ihre Reise nach England
aufgeschoben haben, freut mich; Sie haben recht
gehabt, weil für jemanden, der weder das Land
noch die Gesellschaft in England kennt, der début
im November entsetzlich ist. Sollten Sie noch
hingehen wollen, so wählen Sie das Frühjahr,
weil Sie in dieser Zeit am leichtesten zu einem
Überblick kommen werden. Einstweilen mögen Sie
sich Weimars erinnern und sich überzeugen, daß
die Distanz von Berlin hierher nicht groß ist.

Auf die beiden neuen Werke, welche Sie der
Welt versprechen, bin ich sehr gespannt. Sie
kündigen mir dieselben in Ihrem vorigen Briefe
an, indem Sie mir Urteile über meinen Großvater
aussprechen, die mich erfreuen und rühren. Wie
sehr mein Herz jubelt, seinen Namen in dieser
Zeit mit dem Goethes wieder belebt, wieder in
jedem Munde zu sehen, kann nur der fühlen, der
in seinem Leben an einem Namen überhaupt mit
Stolz, mit Liebe, mit Begeisterung, mit Bedürfnis,
ihm nachzustreben, gehangen hat. O könnte man
zu letzterem immer den richtigen Weg erkennen und
festhalten!

Ich muß schließen, obgleich ich gerade jetzt gern
fortfahren möchte, mit Ihnen zu reden. Allein die
Fürsten sind keine untätigen Menschen — und auch
keine unnützen glaube ich — wenigstens habe ich

von früh bis spät in die Nacht so viel zu tun, daß
ich heute, zum Beispiel, nur noch kaum die Zeit
gehabt habe, Ihnen die Hand mit der Versicherung
sehr aufrichtiger Anhänglichkeit zu küssen.

Ich wollte den Brief absenden, als der Ihrige
ankam, in welchem Sie mir die Bekanntschaft
Stahrs[1]) empfehlen. Ich werde suchen, ihn kennen
zu lernen — wann aber, der Himmel weiß es,
denn die Nachricht, daß ich jetzt nach Oldenburg
gehe, ist falsch. Vielleicht geschieht es später, so
Gott will. Die Broschüre[2]) will ich zu lesen
suchen. Ist es der Komponist Wagner, der sie
schrieb? Ich bin nicht sein Richter und will es
nicht sein, allein als Komponist bewundere ich ihn,
wie ich selten ein musikalisches Genie bewundert
habe. Der Tannhäuser ist ein ganzes Leben von
Wahrheit, von Schmerz und von Lust. Ich ver=
sichere Ihnen, daß mein Dank für Ihren Brief
weiter reicht, als dies Papier.

---

[1]) Stahr war, seit 1836 Konrektor am Gymnasium in
Oldenburg, seit seiner Rückkehr von der italienischen Reise (1846)
wegen Kränklichkeit beurlaubt, lebte aber einstweilen noch dort.
Über Stahrs und Fanny Lewalds persönliche Beziehungen wie
über Stahrs demnächstige Scheidung von seiner ersten Frau,
Marie geborenen Kracke, Tochter des Schulinspektors August
Kracke in Leipzig, und seine Vermählung mit Fanny Lewald:
Ludwig Geiger, Aus Adolph Stahrs Nachlaß, Oldenburg 1903.
Einleitung S. XXXI—LXIX.

[2]) Richard Wagner, Die Kunst und die Revolution.

8.

Chateau Viljoen, 19. Dezember 1849.

Ihr Brief von dem —[1] erreichte mich hier,
in diesem einsamen Schlosse, versenkt inmitten eines
stillen Sees, um dessen Ufer alte Ulmen träumen
und schweigend ihre Häupter über den Wasserspiegel
beugen. Ich sitze in einem kleinen, runden Turm;
neben mir, in einem Gemach, mit verschossenen
Gobelins behangen, wurde der Friede von Utrecht
geschlossen. Es ist Nacht und der Wind heult um
die alten Mauern. Dies ist der Rahmen meines
Selbst.

Gehe ich Ihren Brief durch, so stoße ich zuerst
auf Ihre Bemerkungen rücksichtlich des Waldeck=
schen[2] Prozesses. Ich beklage diese Angelegenheit;
es gibt des Schlimmen jetzt schon so viel, daß es
wahrlich nicht nötig ist, es zu vermehren und
Wunden, die gestern noch bluteten, heute wieder
aufzureißen. Mir ist manches in dieser Sache
geradezu unerklärlich. Wann hätte man je mehr

---

[1] Undatierter Brief aus dem Dezember 1849.

[2] Die gegen den hochangesehenen Volksmann und her=
vorragenden Führer der preußischen Demokratie im Abgeord=
netenhause Obertribunalrat Benedikt Franz Leo Waldeck ge=
richtete strafgerichtliche Verfolgung wegen Hochverrats stützte
sich auf Schriftstücke, welche sich als gefälscht und als ein
Machwerk von mit der reaktionären Partei in Verbindung
stehenden niedrigen Subjekten (Ohm=Goedsche) erwiesen. Waldecks
Freisprechung durch die Geschworenen war am 7. Dezember
1849 erfolgt.

Mäßigung bedurft und sie weniger geübt, als in dieser Zeit!

Ihre Ansicht über Griepenkerls „Robespierre" [1]) hat mich sehr interessiert, weil ich viel dieses Werk in der neuesten Zeit nennen hörte. Was Sie mir sagen, macht mich auf dasselbe doppelt neugierig. Der Standpunkt, den Sie mit den Worten „über den Parteien" bezeichnen, als denjenigen, von dem aus der Autor seinen Gegenstand behandelt, spricht für beide, und zwar doppelt, da unsre Zeit keine der Unparteilichkeit ist. Ich bilde mir ein, daß der Verfasser die Geschichte sozusagen szenisiert hat, — eine Behandlungsart, welche von vielem Effekt ist und in Frankreich mit Geschick und Erfolg behandelt wurde, in Deutschland aber so gut wie unbekannt ist. Wird das Werk nicht gedruckt? Ich bin sehr gespannt, es zu lesen.

Mit Freuden begrüßte ich die Sympathie, welche für mich aus Ihrem Urteil über Macaulays Werk hervorleuchtet. Es ist mit einer Staats-, Welt- und Lebenspraxis geschrieben, daß man, es

---

[1]) Robert Griepenkerls (aus Braunschweig) „Maximilian Robespierre" — ein Drama, welches seinerzeit Aufsehen erregte und von dem Verfasser, bevor es gedruckt und aufgeführt ward, durch Vorlesung in größeren und kleineren Zirkeln bekannt gemacht wurde. In einem Briefe an seinen Bruder Carl Stahr vom 24. Januar 1850 schreibt Adolph Stahr emphatisch: „In Deutschland ist Griepenkerls ‚Robespierre' das einzig Wichtige an poetischen Erzeugnissen. Alles übrige — wüst und leer." Geiger, a. a. O. S. 157. Auch Fanny Lewald nennt den Robespierre „die eigenartigste Dichtung der Neuzeit."

lesend, aus dem Urquell der Geschichte selbst zu
schöpfen glaubt. Es hat den großen Vorteil,
nicht mit dem Gegenstande, den es behandelt, ab=
zuschließen, sondern dem Leser tausend Türen zu
öffnen, die alle Gelegenheit zu den nützlichsten
Reflexion und Betrachtungen geben. Ich habe
selten ein Werk gefunden, welches mehr lehrt als
dieses.

Ich beklage von Herzen die Mühe, welche
Ihnen die Geschäfte machen, von denen die Publi=
kation Ihrer Werke unzertrennlich scheint. Ver=
lieren Sie indessen nicht den Mut; wer würde
wohl auf dem Wege umkehren, weil er sich an
einen Stein gestoßen?

Die für Frau v. Lützow bestimmten Bücher,
sowie der sie begleitende Brief sind zur baldmög=
lichsten Weiterbeförderung nach Batavia abgegeben.

Über die letzten Worte Ihres Briefes ist viel
Schmerz und Kummer hingegossen, den Sie in den
herrlichen Worten Platens[1]) fassen. Kennte ich Sie
nicht, so würde ich um Sie klagen, aber einem
starken Geiste klagt man nicht, wenn man ihn in
den Kämpfen des Lebens sieht und die Über=
zeugung hegt, daß er ihnen gewachsen.

Ich habe in Oldenburg Ihren Freund gesehen,
mit dem ich mit Freuden Ihrer gedacht. Leider

---

[1]) „Hätt' ich nicht jedes Gift der Welt erprobet,
Nie hätt' ich ganz dem Himmel mich ergeben,
Und nie vollendet, was ihr liebt und lobet."

war die Zeit so kurz, daß ich nur so viel ihn
kennen lernte, um zu wissen, daß es mir leid tut,
es nicht weiter haben tun zu können[1]. Ich
wünsche Ihnen Gottes Segen an Kraft, Liebe und
Einsicht zum neuen Jahr und mir die Erhaltung
Ihrer Gesinnungen für mich.

9.

Weimar, 8. Februar 1850.

Mein Dank für Ihren letzten Brief ist der
Freude gleich, mit welcher ich diesen begrüßt und
empfangen habe. Von Herzen bedauere ich, daß
eine so trübe Ursache Ihre Feder ruhen ließ; desto
mehr aber freue ich mich, daß Ihr Bruder wieder
genesen ist, den ich zwar nicht kenne, an dem ich
aber dennoch einen besonderen Anteil nehme, da er
Ihr Bruder ist[2].

Durch die Mitteilung des Urteils Ihres
Freundes Stahr haben Sie mir eine wahre Freude
gemacht; ich danke Ihnen doppelt für dieselbe, weil
Sie überdies die Absicht gehabt haben, sie mir zu
machen, und es mir auf eine so gütige Weise aus=
sprechen. Das Urteil über meinen Großvater rührt
mich wahrhaft, denn es kann nur aus einer seine

---

[1] Stahrs Audienz beim Erbgroßherzog hatte im Schloß
zu Oldenburg am 7. Dezember 1849 stattgefunden.

[2] Otto Lewald, angesehener Rechtsanwalt in Berlin,
damals vorzugsweise bekannt durch seine Verteidigung im
Polenprozeß.

große Humanität tief erkennenden Seele entspringen.
Wohl war es in diesem Worte „Menschlichkeit",
daß sein edler Charakter leuchtete. Fern bin ich
noch — dies fühl ich im tiefsten Innern —, einen
solchen Vergleich mit meinem Großvater zu ver=
dienen, wie Ihr Freund ihn zieht, allein das ist
wahr, daß ich jenem nachzustreben suche, und so
nehme ich jene Meinung an, wie man eine freund=
liche Zusprache auf den Weg gern in Empfang
nimmt [1]).

Ihre Bemerkung über Holland oder vielmehr
über das Unzulängliche des fremden Urteils, das
eigene umzubilden, ist mir aus der Seele gesprochen.
Wie oft empfinde ich dasselbe! Schafft sich doch
jeder Geist gern seine eigene Welt und mag nicht
der Seele andrer zum Wachs dienen.

Sie fragen mich nach der Bedeutung meines
Petschaftes [2]). Sind Ihnen die Mütter erinnerlich,

---

[1]) Stahr hatte (7. Dezember 1849) nach seiner Begegnung
mit dem Erbgroßherzog aus Oldenburg geschrieben: „Ich hatte
das Gefühl, mit einem Menschen zu tun zu haben. Er ist der
erste Fürst, der mir einen Eindruck gemacht hat. Es ist ein
Hauch des Geistes seines Ahnherrn, des prachtvollen Karl
August, über ihn gebreitet, des Fürsten, welchen die Geschichte,
wenn sie gerecht wäre, Karl August den Menschlichen nennen
müßte, was mehr ist als „der Große". Nur menschliche Fürsten
empfinden es, daß einem geistig Ebenbürtigen gegenüber ein
menschlich edles freies Behaben dasjenige ist, was allein eine
freie Seele zur bereitwilligen Anerkennung fürstlicher Stellung
bewegen mag."

[2]) Petschaft mit verschlungenen persischen Schriftzügen.

jene mystischen, rätselhaften Wesen, von denen
Mephisto dem Faust erzählt? Goethe wurde einst
durch meinen Freund Eckermann nach ihrer Bedeutung gefragt. Da sah ihn Goethe mit großen
Augen an und sagte geheimnisvoll: „Die Mütter,
Mütter, es klingt so wunderbar." So lassen Sie
mich Ihnen antworten: Das Petschaft, Petschaft,
es ist so rätselhaft. Was mag es bedeuten? Bedeutet es Ihnen etwas? Legen Sie einen Sinn
in dasselbe, und es wird Ihnen wert sein. Ist
doch das Ich, was man in eine Sache legt, so oft
ihr wahrer Wert. Legen Sie etwas von Ihrem
Ich in die verschlungenen Züge Persiens, und Sie
werden dieselben lieben, wie ich dieselben liebe, weil
ein Etwas von meinem Ich in dieselben verwebt ist[1]).

Sie brauchen keine Entschuldigung wegen
Ihres Briefes zu machen und sollen sie nicht
machen. Unsre Korrespondenz darf nicht eine gêne

---

[1]) Hierzu Stahr (Oldenburg 1850, 11. März): „Wie
rührend einfach und darum menschlich groß lauten die Worte
des Erbgroßherzogs von Weimar, und wie verstehe ich den Sinn
seiner Petschaftantwort. Mir scheinen diese sanft verschlungenen
Zeichen, deren Buchstabenwert ich nicht kenne — so sehr ich auch
den Hafis verehre —, ähnlich einem Äskulapstabe, und ein
solches Zeichen wäre wohl wert, das Emblem echter Fürstlichkeit
zu sein, welche ja die Leiden und Wunden der armen Menschheit wenn nicht zu heilen, doch zu lindern die göttliche Aufgabe hat. So hat er recht mit seiner Antwort, und Du siehst,
daß ich seinen Rat befolgt, noch ehe er ihn erteilt, und mir
hineingedichtet in sein persisch Wappen, was mir an ihm lieb
geworden."

5*

sein. Daß Sie nicht immer und nicht gleichmäßig
arbeiten können als Schriftstellerin, ist mir das
wahre Autorzeichen. Vor Schriftstellerei aus
Zwang, fürs Brot behüte Sie Gott.

Ich wünsche Ihnen von Herzen, was Sie
mir wünschen.

10.

Weimar, 4. März 1850.

Meinen herzlichsten Dank für Ihren Brief
von dem 1. d. Mts., nicht weniger für die „Liebes=
briefe" [1]), bitte ich Sie anzunehmen, welche letzteren
ich sofort zu lesen beginnen werde. Sie haben
mich für dieselben durch die Beleuchtung der An=
sicht schon eingenommen, von der Sie ausge=
gangen sind, denn die Bekämpfung des outrierten
Geschmacks der modernen französischen wie deutschen
Literatur ist ein wahrhaft verdienstliches Werk.
Möge Ihnen das Unternehmen gelingen, und
möchten Sie der jetzigen Literatur die Augen über
sich selbst öffnen. Mit einer wahren Eifersucht
blicke ich immer auf die englischen Schriftsteller,
die im Durchschnitt sich immer an die Natur halten
und hierdurch einen weit größeren Effekt erreichen,
als wenn in Frankreich oder Teutschland die
mysteriösesten aller Mysterien erzählt und aus=
gemalt werden oder ewige Juden von einem Pol

---

[1]) **Fanny Lewald**, Liebesbriefe aus dem Leben eines
Gefangenen. 1850.

zum andern wandern müssen[1]). Unter den neuesten
englischen Werken empfehle ich Ihnen „Vanity fair"
von Thackeray[2]). Es ist dies ein wahres Meister-
stück von Geist, Witz und Geschick, verbunden mit
einer Wahrheit der Auffassungs= und Beobach=
tungsgabe, die bewundernswürdig ist.

Ich werde nicht verfehlen, die Aufsätze[3]) zu
lesen, welche Sie mir empfehlen, und Ihnen dann
über dieselben schreiben. Daß Ihr reger Geist
nach neuer Lust, neuer Nahrung sich sehnt, begreife
ich wohl und daher auch, daß Sie das englische
Reiseprojekt wieder aufnehmen. Folgen Sie dem=
selben, so können Sie nicht besser tun, als im
Frühjahr hinzugehen, weil Sie dann für Ihre
Mühe auch den meisten Genuß ernten. Hüten
Sie sich nur, die Reise zu übereilen, denn die
Eindrücke jenseits des Kanals sind so bedeutend
und viel, daß sie Zeit und Kraft zur Verarbeitung
erheischen. Wie schön wäre es, wenn Sie Ihren
Weg über Weimar nähmen! Warum dies schön
wäre, will ich Ihnen als ein Rätsel überlassen wie
die verschlungenen Züge auf meinem Siegel, doch

---

[1]) Anspielung auf Eugène Sues „Geheimnisse von Paris"
und „Ewigen Juden".

[2]) William Makepeace Thackerays Erstlingsroman „Vanity
fair" (Der Markt des Lebens) war 1846 erschienen.

[3]) In der in Stuttgart erscheinenden „Allgemeinen
Deutschen Monatsschrift" („Irre ich nicht". Von Oppenheim,
und „Heinrich von Gagern").

wird es Ihnen wohl weniger schwer werden, jenes
zu erraten als dieses.

Von Herzen danke ich Ihnen für den Wunsch,
mit dem Sie schließen; ewig unveränderlich bleibt
die Natur, reich und schön, und doch wie so ganz
anders sind die Gefühle, mit denen das menschliche
Treiben uns die Wiederkehr der Jahreszeiten begrüßen läßt! Wie ernst erscheint mir dieser Frühling!

Ihr herzlich ergebener C. A.

11.

Weimar, 24. März 1850.

Für Ihre neue Schöpfung[1]), für den neuen
Beweis Ihrer Güte für mich, den Sie mir durch
die Zusendung ersterer ablegen, danke ich Ihnen
von Herzen. Die übrigen Bücher[2]) werde ich Ihrem
Wunsch gemäß dem Ozean anvertrauen.

Ich küsse Ihnen die Hand für die Liebenswürdigkeit, mit welcher Sie mir die Gründe Ihres
Nichtkommens auseinandersetzen[3]). Die Erklärung
ist in der Tat ebenso gütig wie fein, daß ich glaube,

---

[1]) Erinnerungen aus dem Jahre 1848. 1850.

[2]) Sendungen an Frau von Lützow auf Java.

[3]) Fanny Lewald scheute sich, nach Weimar zu kommen
gerade in einem Augenblick, in dem ein „entschieden demo-
kratisches" Buch — die „Erinnerungen aus dem Jahre 1848" —
aus ihrer Feder die Presse verlassen hatte und öffentlich be-
sprochen wurde.

Sie haben irgendwo einige Studien über Herrn
von Talleyrand gemacht, denn deutlich fühlte ich,
wie Sie mit mir, oder vielmehr neben mir, durch die
Verlegenheit des Erscheinens in Weimar schlüpfen.
Sie wollen mich vor Unannehmlichkeiten, sich im
speziellen vor Zeitungsartikeln retten — und
haben recht, denn klug leben ist eine Pflicht gegen
andre wie gegen sich selbst. Deshalb aber, weil
Sie dies verstehen, müssen Sie notwendig „Vanity
fair" weiter und bis zu Ende lesen, denn Rebecca
lernt auf bewundernswürdige Weise dem Leser,
wie man das Leben objektiv zu behandeln hat. Ich
wundere mich übrigens, daß Sie das Buch karikiert,
übertrieben fanden; es ist doch ein treues Bild
englischer Sitten. Demzufolge wird Ihnen Eng=
land selbst wie eine Karikatur vorkommen. Des=
halb tuen Sie auch sehr recht, zuerst Ihre Nerven
zu stärken, tun es in jeder Hinsicht, denn das Leben
dort ist angreifend und das Klima vielen uner=
träglich. Da wird dann Bonn eine vortreffliche
Zwischenstation geben, obgleich ich unmöglich mir
ein Bild der Ruhe machen kann, wenn ich an den
Rhein mit seinen ewigen Dampfböten, seinen Gast=
höfen, seinen Engländern in kurzen Reisejacken und
seinen zeichnenden Touristinnen denke. Ruhe indes
ist eine relative Sache; kannte ich doch einen
Freiberger Minendirektor, welcher neben einem
gigantischen Hammerwerke schlief und dann auf=
wachte, wenn es zufällig einmal stehen blieb.
Lassen Sie mich für heute die sehr positive Ruhe

meines Bettes suchen, da längst sich die Nacht
über Vergangenheit und Zukunft gelagert hat.

Ihr herzlich ergebener C. A.

Ein Brief des Herzogs Bernhard aus Batavia
vom 26. Januar meldet mir die glücklich erfolgte
Ankunft des Herrn und der Frau von Lützow.
Letztere entzückt alle Welt. Ersterer wird ein
Bataillon in Sourabaye kommandieren, was eine
schöne und große Stadt im östlichen Teile von
Java ist.

12.

Ilmenau, 22. April 1850.

Sie erfreuten mich sehr und schmeichelten mir
zu sehr durch das, was Sie in Ihrem letzten Brief
über Frau von Lützow und Sie selbst rücksichtlich
meiner sagen. Wenn gute Wünsche ein Verdienst
sind, so verdient dieses Lob dasjenige warme
Interesse, mit dem ich dem Leben beider Freun=
dinnen folge; allein Verdienst sind Wünsche nicht;
Verdienst ist Tat, Wunsch aber nur Aspiration
der Seele.

Als ein merkwürdiges Seelenbekenntnis ist mir
der Auszug des Briefes Ihrer fernen Freundin
erschienen, welchen Sie mir mitteilen. Es bleibt
immer interessant und ist oft wunderbar, wie der
Mensch das Leben auffaßt; die Art und Weise,
wie Frau von Lützow diese Aufgabe zu lösen ver=
sucht, ist beides. Ich glaubte die Seite eines

Romans zu lesen: möge die südliche Sonne die
Flügel ihres Geistes nicht versengen. Die großen
Momente des Lebens sind leichter zu ertragen als
das Alltägliche desselben. Noch ist sie unter dem
Eindruck der großen Epoche ihrer Existenz, welche
ein Band zerriß, das andre knüpfte und gehegte
Wünsche krönte.

Ich sehe, daß Ihre Reise nach England be=
schlossen ist; es liegt ein Brief an unsern General=
konsul in London hier bei; möge er Ihnen nützlich
sein. Meine besten Wünsche begleiten Sie. Nehmen
Sie sich Zeit und gönnen Sie sich Ruhe, indem
Sie das Außerordentliche betrachten, was Sie jen=
seits des Kanals erwartet. Ich' rate es Ihnen,
weil ich wünsche, daß Sie England, was ich so
sehr liebe, recht genießen möchten. Sie können es
aber weder genießen noch studieren, wenn Sie sich
beeilen. Suchen Sie ja, als Kosmopolitin, alles
zu sehen, an alle Seiten dieses Weltwunders heran=
zutreten; nur dann erst kann es in seiner Größe,
seiner Eigentümlichkeit erkannt werden. Ich bitte
Sie dann, mir zu erzählen, wie Ihr Geist, Ihre
Seele das Bild auffaßt.

Die Anekdote aus Hamburg ist herrlich; ich habe
herzlich darüber gelacht und andre lachen machen,
denen ich sie erzählte. Ich möchte den Färber
kennen lernen, er scheint ein origineller Mann
zu sein.

Wenn Sie Professor Stahr sehen, so bitte ich
Sie, ihn recht sehr von mir zu grüßen und ihm

zu sagen, wie sehr ich mich gefreut hätte, seine
Bekanntschaft gemacht zu haben, wie sehr aber auch
bedauert, ihn nur einen Moment gesehen zu haben.

Ich habe Ihre „Liebesbriefe aus dem Leben
eines Gefangenen" beendet und gehe nun an Ihr
neuestes Werk[1]). Vergeben Sie mir diese Lang=
samkeit und lassen Sie Ihre Güte und Nachsicht
für mich durch den Umstand beleuchten, daß das
Parlament[2]) im besonderen, die Hoffnungen, welche
sich an dasselbe knüpfen, im allgemeinen, jetzt fast
ausschließlich mich in Anspruch nehmen. Auch ist
es erst hier in der stillen Waldeinsamkeit von
Ilmenau, am Fuße der höchsten Gipfel des
Thüringer Waldgebirges, wohin ich mich für ein
paar Tage zurückgezogen habe, daß ich Ihren Roman
beendet. Sie setzen mich in tödliche Verlegenheit,
indem Sie mein Urteil verlangen, denn dabei bloß,
daß er mir gefallen, können Sie sich ebensowenig
begnügen, als ich stehen bleiben kann. Einen Schritt
zum Speziellen kann ich noch mit Ihnen vereint
tun, nämlich zu denjenigen Seiten, welche ein
tiefes Gefühl der Natur atmen, dem Sie mit wahrer
Meisterhand Worte leihen. Dann aber müssen sich
unsre Wege trennen, denn ich kann wohl den
Dualismus im Gefühl begreifen, nicht aber in
dem Speziellen der Liebe, d. h. derjenigen, welche

---

[1]) Es werden die „Erinnerungen aus dem Jahre 1848"
gemeint sein.

[2]) Das in Erfurt tagende Unionsparlament.

auf Erden besonders blüht. Deshalb würde ich, wäre ich Mathilde, Edmund dezidiert abandonnieren und, wäre ich Edmund, Mathilden aufgeben. Daß er es nicht tut, scheint mir fast ein Egoismus, denn er kennt ihre Liebe zu einem andern, läßt sie diesem aber dennoch nicht, sondern hält Mathilden für sich fest und liebt also eigentlich nur sich in ihr. So urteilt ein Laie, der, von Ihrer Güte für ihn verblendet, ein Urteil wagt, wo er eigentlich nur die Hand küssen sollte, die ihm dargereicht wurde. Dieses übrigens tue ich auf jeden Fall mit dem Gefühle treuester Ergebenheit.

13.

Ettersburg bei Weimar, 22. Juni 1850.

Ihre gütige Erinnerung mitten aus den Zer= streuungen und Ermüdungen von London hat mich erfreut und gerührt, denn ich weiß aus eigener Er= fahrung, daß es etwas heißen will, von dort aus zu schreiben. Empfangen Sie meinen herzlichsten Dank. Mit Interesse besonderer Art las ich die Bemerkungen, die Sie in politischer Hinsicht an die Eindrücke knüpfen, welche England Ihnen ge= macht. Sie erstaunen mich nicht. Erwähnen muß ich übrigens, daß es die absolute Vernunft wohl nicht ist, die allein zu urteilen hat. Es sind Folgen der allmählichen Entwicklung eines scharf ausgesprochenen Nationalcharakters unter scharf begrenzten Verhältnissen, welche das Wunderbare

erzeugten, dessen Eindruck Sie empfinden. Die
Drohung, welche Sie über England aussprechen, ist
wahr, aber ich glaube, nicht ganz ihre Voraus=
setzung, denn nicht alles in England wird durch
die Vernunft verworfen. Diese aber ist auf ewiger
Wahrheit begründet, und diese wiederum scheint
mir das Wahrste in der Naturphilosophie zu sein.
Deshalb scheint mir England auch einen mächtigen
Bundesgenossen in dem zu haben, was Sie seinen
Feind nennen.

Ich danke sehr für die beiden interessanten
Porträts, welche Sie mir entworfen. Suchen Sie
doch ja Macaulay kennen zu lernen; Thackeray
ist mir bekannt von W., ich erinnere mich seiner
gut. Sagen Sie ihm in meinem Namen, ich lade
ihn ein, wieder nach Weimar zu kommen, um
dann doch auch das Gute der deutschen Städte
und Höfe sich wieder in das Gedächtnis zurück=
zurufen.

Danken Sie, bitte, Mad. Brandt[1]) für ihre
mir erhaltene Erinnerung. Sie sagen mit Recht,
daß wir, Sie wie ich, die Theorie des Freunde=
machens haben. Sie aber besitzen dabei den großen
Vorteil, daß Sie eine liebenswürdige Frau sind,
und was läßt sich dagegen aufwiegen!

Nächst dem Briefschreiben ist das Brieflesen

---

[1]) Die Frau eines Londoner Kaufmanns, deren Schwester
der Prinzessin von Preußen attachiert gewesen war. Fanny
Lewald war die Familie aus Italien bekannt.

in London eine Pein. Deshalb und schon der
guten Meinung wegen, welche Sie von mir haben,
schließe ich diese Zeilen. Ach, könnte mein Körper
meinem Geiste nach England folgen!

Griepenkerl hat mir sein Stück vorgelesen. Nie
in meinem Leben habe ich besser vorlesen hören als
durch ihn.

14.

Ettersburg, 7. September 1850.

Ihre gütigen Zeilen aus Manchester sind in
meiner Hand; ich eile, Ihnen meinen Dank und
ihn nach Paris, wie Sie es wünschen, zu senden.
Ich sehe, daß Ihr scharfes Auge nicht weniger scharf
unter den Nebeln Englands sieht: Ihre Bemerkungen über Zustände und Menschen geben mir
hiervon den Beweis. Ihre Ansicht über die Un-
möglichkeit der Anwendung vieler Eigentümlichkeiten
englischer Staatseinrichtungen ist vollständig die
meine. Man sieht, wenn man nachzubilden wünscht,
gewöhnlich nur auf die Gegenwart, nicht auf die
Vergangenheit des Nachzubildenden. Wie eine
Sache entstanden, fragt man nicht. Das einzige,
sich immer gleich bleibende Faktum, der wahre
nervus rerum. alles, was wir an englischen Staatseinrichtungen bewundern — das Praktische
bildet man nie nach, weil man es immer
übersieht.

Sehr praktisch ist es nicht, zu schreiben, wenn man keine Zeit hat. Die aber habe ich heute nicht, deshalb lassen Sie mich schließen als

Ihr praktischer Diener C. A.

15.

Ohne Datum [1]).

Willkommen von Herzen und die Bitte mir zu gestatten, um fünf Uhr heute Ihnen aufzuwarten. Könnte ich in diesem Moment gleich abkommen, so wäre ich längst schon bei Ihnen. — Dies also das letzte Billet vor einer näheren persönlichen Bekanntschaft! Es ist dieser Umstand nicht ohne Wichtigkeit, wenn überhaupt der Unterschied zwischen Wort und Tat ein wichtiger ist. Ein solcher aber ist der, welcher die schriftliche Bekanntschaft von der wirklichen trennt. Es ist dieselbe Melodie, doch in andern Oktaven. Aus den meinigen allen werden Sie meine herzliche Ergebenheit erkennen.

16.

Ohne Datum.

Erlauben Sie mir wohl, gnädigste Gönnerin, Sie heute nachmittag um sechs Uhr zu besuchen? Außer, daß ich Sie gern sehen möchte, wünschte ich

---

[1]) Die nachfolgend abgedruckten Billete und Briefe gehören den Monaten Juni und Juli 1851 an, während deren Fanny Lewald in Weimar — wiederum im Hotel „Zum Erbprinzen" wohnend — sich aufhielt.

sehr Ihre und Professor Stahrs Meinung über den „Lohengrin“[1]) zu hören, diese wunderbare Schöpfung, deren Ursprünglichkeit und Eigentümlichkeit mich stets aufs neue ergreift.

17.
Ohne Datum.

Erst in diesem Moment bin ich wieder Herr meiner Zeit. Es ist sechs Uhr, also eine Stunde später, als Sie mir erlaubt hatten, zu Ihnen zu kommen — deshalb bleibt mir nichts andres übrig, als Ihnen schriftlich für Ihre Güte zu danken und für ein andermal ein günstigeres Geschick mir zu wünschen.

18.
Ohne Datum
(anscheinend aus Ettersburg).

Ich küsse Ihnen für die liebenswürdigen Zeilen die Hand, durch welche Sie mich heute erfreuten. Fast geben Sie mir Lust, solche Stunden, wo Sie nicht zu Hause sind, zu meinem Besuch im „Erb= prinzen“ auszuwählen, denn das Nichttreffen ver= schafft mir dann die reizendsten Billete. Den Brief, der dem heutigen beigefügt war, habe ich meiner Frau sogleich übergeben, die bereits die Lektüre

---

[1]) Die erste Aufführung von Wagners „Lohengrin“ fand bekanntlich in Weimar statt am 28. August 1850. Die Auf= nahme im Publikum war damals eine geteilte.

Ihres Werkes[1]) vorgenommen hat und mir ver=
sichert, viel Genuß dabei zu haben. Sie beauftragt
mich, Ihnen vorläufig ihren besten Dank aus=
zusprechen, dem sie sich freut den mündlichen folgen
zu lassen, und zwar womöglich hier, in unsrer
Waldeinsamkeit, von der ich wünsche, daß sie Ihnen
gefallen möge. Manche großen und schönen Erinne=
rungen knüpfen sich an dies bescheidene Dach, um
welche das Waldesgrün sich lagert wie der Efeu
um die alten Mauern, die ehrwürdigen Zeugen
längst verhallter Zeit.

Ich habe sofort die besten Notizen in bezug
auf das schottische Wappen einsammeln können, und
zwar bei einem Schotten, der bei mir ist. Er sagte
mir, daß wie das englische Wappen das schottische
Wappen zwei Devisen habe. Die eine ist die,
welche Sie erwähnen, die andre umgibt einen
roten kleinen Löwen, welcher, auf dem Helm über
dem Schilde sitzend, in der Tatze das Banner hält,
in dem wieder das Wappen zu sehen ist. Diese
zweite Devise nun heißt allerdings: in defence.
also auf deutsch: zur Verteidigung, oder verteidigend,
oder auf französisch: en défense. Ich glaube, daß
das Mißverständnis daher rührt, daß die Silbe
de von fence getrennt worden ist, mit welcher
zweiten sie verbunden bleiben muß.

Von Herzen danke ich Ihnen für Ihre Sorg=
falt für mich, indem ich mich frage, wodurch ich

---

[1]) Wohl der „Dünen= und Berggeschichten", erschienen 1851.

sie verdiene. Ich pflege mich übrigens mehr, als
es den Anschein hat. Jetzt z. B. tue ich es sofort,
denn es ist halb zwölf Uhr nachts, und ich gehe zu
Bett, indem ich Sie bitte, Herrn Professor Stahr
für seinen Gruß bestens zu danken.

Schlafen Sie so gut, wie ich es mir selbst wünsche.

19.

Ohne Datum.

Verzeihen Sie mir, so spät erst auf Ihr Billet
zu antworten. Da ich es indes erst soeben, um
halb zwölf Uhr nachts, erhalte, als ich von einer
weiten Fahrt zurückkehre, so werden Sie meiner
Entschuldigung Gehör schenken. Ich bin mit meinem
Architekten für die Wartburg auf verschiedenen
Burgen der Umgegend umhergezogen, um praktische
Studien für mein Restaurations= und Bauwerk zu
machen, das immer mehr und mehr, so Gott will,
vor die Augen der Welt treten soll und deshalb
immer mehr und mehr gewissenhaft, ernst und streng
behandelt sein will. Wäre es auch nur, um nicht, wie
Sie von Queen Mary of Scots sagen: une chose incomprise[1]) zu werden, oder, mit andern Worten,
der Kritik der Welt zu verfallen, denn was diese
nicht begreift, verdammt sie. — Kennen Sie in
bezug auf Maria Stuart ihr Leben von Dargaud,

---

[1]) „Das war eine femme incomprise, ganz anders, als
sie in den Hahnschen Romanen und in manchen französischen
Romanen umherlaufen. Sie war wirklich besser als ihr Ruf."

ganz neu erschienen?[1]) Es soll vortrefflich sein.
Ich kenne es nicht, aber jene Korrespondenz[2])
kenne und liebe ich, und gern will ich sie Ihnen
borgen. — Lassen Sie mich morgen abend nach
fünf Uhr Ihre Türe wiedersehen.

20.
Ohne Datum[3]).

Lassen Sie mich Ihnen herzlichst für Ihr
Billet, herzlich überhaupt für all die Güte danken,
welche Sie während Ihres Aufenthaltes in Weimar
für mich gehabt haben. Die Erinnerung an dieselbe wird mir bleiben, wird mich begleiten in die
weite Ferne. Dies werden Sie mir glauben, denn
ich glaube, daß Sie es fühlen. So muß ich denn
schriftlich von Ihnen Abschied nehmen, denn, genötigt, meine Abreise zu beschleunigen, wird es mir
geradezu unmöglich, noch einen Aufenthalt in
Weimar zu machen oder dies Tal früher zu verlassen. Es bleibt mir also nichts andres übrig,
als Ihnen aus der Ferne einen Abschied zuzurufen,
außerdem ich uns beiden ein baldiges frohes Wiedersehen wünsche.

----

[1]) J. M. Dargaud, Histoire de Marie Stuart.
Paris 1850.

[2]) Gemeint ist die Korrespondenz des Herzogs Carl August
mit Knebel.

[3]) Anscheinend aus Wilhelmsthal vor dem Antritt einer
längeren Reise nach Rußland.

Grüßen Sie, bitte, Herrn Professor Stahr recht sehr von mir. Sollten Sie sich meiner schriftlich erinnern wollen, so wird mein Sekretär C. Vent in Weimar jeden Brief treu besorgen.

21.

Belvedere, 9. Oktober 1851.

Erst von hier ist es mir möglich, für Ihren letzten Brief aus Jena[1] Ihnen meinen Dank abzustatten. Ihre Zeilen fielen in die ganze Unruhe meiner Abreise, an welche sich die nicht weniger unruhige Zeit meiner Ankunft im Vaterlande anreiht, weßhalb Sie gütig mit meinem guten Willen vorlieb nehmen mögen. Von Herzen wünsche ich, daß Sie jetzt der Angst um die Gesundheit Ihrer Schwester überhoben seien, und daß ihr wie Ihnen die gute Luft in dem schönen Saaltale gut tue. Ich freue mich, daß Sie es wenigstens zu genießen scheinen. — Eine besondere Aufmerksamkeit habe ich den Bedenken gewidmet, deren Sie rücksichtlich der Goethestiftung[2] auch in Herrn Professor Stahrs

---

[1] Fanny Lewald hatte nach dem Sommeraufenthalt in Weimar für einige Monate in Jena (in Camsdorf, jenseits der Saale, in unmittelbarer Nähe der Stadt) Aufenthalt genommen und begab sich von dort erst Ende Dezember nach Berlin. Während dieser Zeit war sie wiederum einige Tage zum Besuch in Weimar, im Hause der ihr von Rom her bekannten Familie von Schwendler.

[2] Aus Anregungen hervorgehend, welche an die Goethe-Säkularfeier am 28. August 1849 anknüpften, und welche ur-

Namen Erwähnung tun. Ich habe nie an
Schwierigkeiten gezweifelt, welche durch die Auf=
gabe emporgerufen werden würden — indessen, wo
sind nicht Schwierigkeiten in der Welt! Sie be=
urkunden erst oft den Wert der Sache; in dem
vorliegenden Fall scheint er mir zu überwiegend,
als daß er nicht des Strebens, trotz der Schwierig=
keiten, würdig sei.

Lassen Sie mich diese wenigen Zeilen mit
dem Wunsch für einen glücklichen Aufenthalt in
Jena schließen.

22.

Montag früh, 1851.
(Weimar, gegen Mitte Dezember.)

Die Öfen scheinen unsre beiderseitigen ent=
schiedenen Feinde zu sein. Während Sie dieselben
verwünschen, weil Sie neben den unerbittlichen
eisernen Wänden vor Kälte umkommen, verwünsche
ich dieselben, weil sie mir neulich in einer von mir
selten betretenen Wohnung, in der ich ein paar
Tage bleiben mußte, zu viel Wärme, und zwar in

---

sprünglich weitergehende Pläne verfolgten, ward in Weimar,
vom Erbgroßherzog und von Lißzt gefördert, eine Goethestiftung
gegründet, die durch Preisausschreibungen auf den verschie=
denen Gebieten der künstlerischen Tätigkeit sich betätigen sollte.
Bei den nicht zur Ausführung gekommenen weitergreifenden
Plänen ward auch eine Übersiedlung Stahrs nach Weimar zur
Leitung eines literarischen Organs erwogen. S. auch Ludwig
Geiger, Aus Adolph Stahrs Nachlaß, S. 165.

solchem Grade gaben, daß ich krank wurde. Erst
jetzt erhole ich mich wieder. Von einem Ausflug,
von einer Fahrt nach Jena konnte für mich vergangene Woche gar nicht die Rede sein; an jenem
Mittwoch gerade, auf den ich mich so gefreut
hatte, konnte ich nur mühsam mich schleppen, und
heute noch muß ich mich lästigen Vorsichtsmaßregeln
unterwerfen. Ich habe indes großes Lob über
Herrn Professor Hettner [1]) vernommen, was mich
wahrhaft erfreute. Sie sagen mit vollem Recht,
daß jeder seinen eigenen „Versteh-Verstand" hat.
Der meinige läßt mich die Bemerkungen bekämpfen,
die Sie an die Philosophie anknüpfen. Hiermit
schließe ich für heute, denn nicht dem flüchtigen
Augenblick darf und kann es vergönnt sein, solche
Widerlegung zu empfangen. Ich wünsche Ihnen
einstweilen Sonne und Gesundheit.

23.

Weimar, 19. Dezember 1851.

Soeben erhalte ich Ihre gütigen teilnehmenden
Zeilen. Ich eile, einen freien Moment zu benutzen,
Ihnen all meinen Dank auszusprechen und mein

---

[1]) Der Literarhistoriker und Kunstkritiker Professor Herr-
mann Hettner — mit Stahr von seinem römischen Aufenthalt
her eng befreundet — war damals (März 1851) von Heidelberg
als Professor an die Universität Jena berufen, wo er bis zu
seiner Berufung nach Dresden im Jahre 1855 verblieb.

Unrecht sofort durch Übersendung der Broschüre[1]) wieder gut zu machen. Nehmen Sie dieselbe als eine Erinnerung an Weimar, zugleich als ein zwar sehr unbedeutendes Geschenk an, was aber durch seinen Inhalt Ihnen nicht uninteressant sein wird. Es behandelt mit Geist und Ernst ein gewaltiges Werk voll Poesie und Schönheit, welches seinen Autor gewiß für immer lobt.

Ich freue mich, daß es Ihnen wieder wohlgeht und mir nicht minder. Wie anders sieht doch die Welt aus, wenn man gesund ist.

Ein heiteres glückliches Fest Ihnen wünschend

Ihr ergebenster C. A.

24.

Weimar, 22. März 1852.

Mehrere Abwesenheiten und andre Abhaltungen lassen mich erst heute auf Ihren Brief vom 1. d. M. antworten, erst heute für denselben danken, erst heute auch ein gleiches im Namen meiner Frau tun, welche sich über Ihren Brief und das ihn begleitende Werk[2]) sehr gefreut hat. An die Lesung des letzteren wird sie jetzt gehen.

---

[1]) Eine Broschüre von Liszt: „Le Lohengrin". Diese Schrift leitete den Kampf für die „Zukunftsmusik" ein, dessen Mittelpunkt Weimar als die „Hochburg der neuesten Richtung" damals für längere Zeit ward.

[2]) Fanny Lewald, Reisetagebuch durch England und Schottland. 1852.

Mein Bedauern, Sie unwohl zu wissen, ist um so aufrichtiger, als ich mich heute selbst leidend fühle. Wie anders färbt sich doch die Welt, wenn das Gleichgewicht im Körper gestört ist! Ich befürchte, Sie werden diese Färbung diesem Brief nur zu sehr anmerken. Gönnen Sie sich jetzt die nötige Ruhe und befolgen Sie hiermit den Rat, den Sie mir selbst gegeben haben. — Von Herzen wünsche ich, daß Professor Stahr in Jena seine Gesundheit wieder stärke, welche im Norden, in Oldenburg, so sehr gelitten zu haben scheint[1]). — Was Sie mir über die Berliner artistischen Zustände schreiben, hat in mir ein schon oft empfundenes Gefühl von Bedauern rege gemacht, nämlich: so oft verhindert zu sein, den Dingen so nahe zu treten, wie ich es möchte und wünschte. Bei meinem nächsten Aufenthalt in Berlin setze ich übrigens meinen Wunsch positiv durch. Ich bin jetzt sehr mit der Einrichtung der Monumente für Goethe, Schiller und Wieland beschäftigt.

Und nun lassen Sie mich enden, denn wenn ich mit Freuden die Pflicht meines Dankes Ihnen gebracht habe, möchte ich Ihnen nicht zeigen, wie mühsam ich mich heute und wie schmerzhaft schleppe. Welch Kaleidoskop ist doch das Leben!

---

[1]) Stahr war von Oldenburg, nachdem er dort wegen seines leidenden Gesundheitszustandes seine Pensionierung als Konrektor des Gymnasiums erlangt hatte, mit seiner Familie nach Jena übergesiedelt, trennte sich aber demnächst von derselben und nahm seinen Wohnsitz dauernd in Berlin.

25.

Freitag, 27. Mai, Berlin (1852).

Was werden Sie von mir denken, so lange hier zu sein, ohne Sie aufgesucht zu haben? Zum Glück sind zwei Umstände eingetreten, welche ein Trost für mich geworden sind.

Erstens habe ich von Frl. Frommann[1]), die ich bei meiner Schwester soeben begegnete, erfahren, daß Sie Ihre Wohnung geändert haben, eine Wohnung, welche sie selbst mir nicht anzugeben vermochte.

Zweitens gewährte mir eben Frl. Frommann die Möglichkeit, Ihnen einen Zeugen meines Bedauerns zu stellen, Sie nicht zu sehen, Sie nicht sehen zu können. Ich vertraute ihr eine Beschreibung meiner hiesigen Existenz — haben Sie die ersten Gesänge des Inferno gelesen?, jene, wo die Geister in ewigen Kreisen ewig herumgetrieben werden? Diese Beschreibung ist das Daguerreotyp dieser Tage.

Mit wohlbekannten Gesinnungen
der Ihrige E. A.

26.

Ettersburg, 16. Juni 1852.

Erinnern Sie sich der flüchtigen, aber eloquenten Skizze meiner Existenz in meinem Berliner Billet?

---

[1]) Die Jenenserin Alwine Frommann, damals Vorleserin der Prinzessin von Preußen.

An diese muß ich Sie erinnern, um durch dieselbe
mein Stillschweigen zu erklären, zu entschuldigen,
denn selbst hier, in meiner sogenannten Einsamkeit,
bin ich jenem „Umherkreisen" nicht entgangen, was
mir die Ihnen anvertrauten Seufzer entlockte.
Einen ruhigen Augenblick des heutigen Vormittags
benutze ich, um Ihnen meinen Dank für Ihren
Brief abzustatten. Sie sprachen mir in demselben
von einer Reise nach Thüringen, nach dem Harz
und von einem mysteriösen Wunsch, den Sie nur
dem Munde, nicht der Feder anvertrauen wollen.
So werde ich also warten, bis uns das Schicksal
wieder zusammenführt; möge dies in dem schönen
Thüringen der Fall sein! Werden Sie denn dieses
nicht dem Harze vorziehen? Sie sprachen mir
eigentlich nicht von Ihrer Gesundheit und erwähnen
doch der Krankenpflege bei andern; dies aber läßt
mich eine schlimme Rückwirkung auf Sie befürchten.
Auch sagen Sie mir nicht, ob und an was Sie
arbeiten? Möge es etwas sein, was Sie erfreue,
denn die Pflege der Seele ist wichtiger als die des
Körpers. Professor Stahr habe ich vor kurzem im
Theater, in einer Zwischenpause des „Lohengrin",
gesprochen. Ich habe mich herzlich gefreut, ihn
wiederzusehen, aber nicht über sein Aussehen ge=
freut. Er sah angegriffen aus.

Wissen Sie wohl, daß ich vielleicht nach
Italien gehen? Die Ärzte schicken meine Frau,
die Sie grüßt, und mich in ein südliches Seebad,
und da wäre es möglich, daß ich bis Castellamare

zöge. Mir ist es, als sagte mir einer: dies oder
dies Märchen wird nächstens Wirklichkeit.

Leben Sie wohl und glücklich in Berlin, im
Harz oder in Thüringen.

27.

Ettersburg, 15. Juli 1852.

Nein, wahrlich nicht feig nenne ich Sie, denn
wie könnte wahrer Mut Mitgefühl ausschließen,
und wie könnten Sie neben Ihrem Mut anders
als leiden! In diesen Worten liegt das Bekenntnis,
wie sehr ich fühle, was Sie in Ihrem Briefe aus
Rudolstadt mir aussprachen[1].

Wie könnte man anders als teilnehmend
wahre Leiden erkennen! Und nun in diesem Fall
besonders! Peinlich ist es mir dabei, nur Worte
bei den Leiden zu haben, doch begreife ich mit
Ihnen, daß eben mir nur Worte hier übrig sind.

— — — — — — — — — — —

Ich hoffe, daß sich Professor Stahr indessen recht
ernstlich der Kur unterzieht. Sein Aussehen hat
mich erschreckt; wohl kann kein Körper bei Seelen=
leiden gesunden, indessen läßt sich durch Körper=
pflege doch viel Einfluß auf die zu erstarkende
Seele ausüben.

Ich danke Ihnen herzlich für Ihren Rat rück=

---

[1] Die Stimmung des Briefes war durch in der Stahrschen
Ehescheidungsangelegenheit entstandene Schwierigkeiten be=
herrscht.

sichtlich des Südens. Ich war von jeher für mein
liebes Sorrent, was mir von allen Orten am besten
gefallen hat. Ischia ist mir gar zu abgeschieden.
In Neapel, denke ich, entscheiden wir uns, so Gott
will. Nicht sagen kann ich, wie ich mich freue;
ich fühle mich bewegt; mir ist, als sehe ich ein
heißgeliebtes Wesen nach vielen Jahren wieder.
Es ist Sehnsucht, Freude und Scheu, die zusammen=
wirken. Daneben bin ich so neugierig auf mich
selbst, denn an dem einst Gekannten und Geliebten
lernt man sich selbst wiedererkennen und bildet sich
weiter. Einstweilen bereite ich mich mit einer Art
wütendem Eifer vor. Eben beendige ich Stahrs
dritten Band, Ihr Bilderbuch habe ich längst ge=
lesen, auf meinem Tisch liegen fünf Bände von
Leos Geschichte Italiens, in meinem Schrank sitzen
Sueton, Tacitus, Livius, ich lese und spreche
italienisch, kurz, wenn ich nicht ganz Italien durch
meine Gelehrsamkeit in Erstaunen setze, verzweifle
ich an allen Italienern.

Mögen Sie Friede finden in diesem wunder=
baren Leben, dies wünsche ich Ihnen von Herzen!

28.

Sorrento, Casa di Tasso,
13. September 1852.

Sehr dankbar für Ihre Zeilen aus Rudolstadt,
die ich soeben erhielt, beeile ich mich, Ihnen sowohl
dieses als meine große Freude über das interessante

Geschenk auszusprechen, das Ihre stets gleich=
bleibende Güte meiner lieben Wartburg gesichert
hat[1]). Ich nehme es mit ebenso viel Vergnügen
als Dank an und ersuche Sie, es dem Besitzer
wissen zu lassen. Dürfte ich Ihre Güte ferner in
Anspruch nehmen, so wäre es, zu veranstalten, daß
das Bett für den Transport auf die Wartburg
gepackt werde. Ich schreibe heute meinem Sekretär
Vent und gebe ihm den Auftrag, es in Rudolstadt
in Empfang nehmen und weitertransportieren zu
lassen. Ich erlaube mir dabei, meinen Sekretär
Ihnen zu adressieren, damit er seinen Auftrag
desto besser erfüllen könne.

Daß Ihnen unser Thüringen so gefällt, ist
mir lieb, denn es verdient, anerkannt zu werden.
Es trägt in meinen Augen ein gewisses Gepräge
von Gemütlichkeit, das mir wohltut. Von Herzen
bedaure ich, daß Unannehmlichkeiten überhaupt und
solche im besonderen Herrn Professor Stahr in
seiner Kur und dem Genusse des sympathischen
Aufenthaltes stören mußten[2]). Das Leben ist nun
einmal ein Kampf; immer beweist sich dies aufs
neue, immer und überall.

---

[1]) Eine aus dem längst eingegangenen Gasthof „Zum
Stiefel" in Rudolstadt stammende alte Bettstelle, in der
bei seinen dortigen Aufenthalten Luther geschlafen haben sollte.
Die Bettstelle wurde auf Fanny Lewalds Anregung von dem
Besitzer Justizrat Eberwein in Rudolstadt als Geschenk für die
eben damals in der Restauration begriffene Wartburg bestimmt.

[2]) Unter anderm brannte das Haus, welches die Familie
Stahr in Jena bewohnte, ab.

Der Ort, von dem ich schreibe, wird Ihnen beweisen, daß ich Ihren Rat befolgt habe. Seit Wochen schon sind wir hier, in diesem Paradies, von dem wir wahrscheinlich nächstens aufbrechen werden, um nach Rom zurückzukehren. Auf Rom freue ich mich wieder am meisten. Von allen Orten Italiens ist er mir der sympathischste. Hier, nur da, in Rom, möchte ich leben, weil es mir am meisten sagt. Ich glaube, daß Professor Stahr mich, meiner Wahl wegen, nicht mißbilligen wird. Was mich hier umgibt, ist ein Paradies; auch genießt es mein Naturgefühl in vollen Zügen; das aber ist auch alles, und das bloße Gefühl der Naturbewunderung ist mir ein zu enger Boden für das Leben. Ich denke an Professor Stahr jeden Tag; er hat sich durch sein Werk über Italien ein wahres Denkmal gesetzt. Sagen Sie ihm dies in meinem Namen und gedenken Sie der fernen Reisenden.

29.

Weimar, 18. Januar 1853.

Meinen verspäteten Dank für Ihre gütigen Zeilen bitte ich einem wenn auch nicht viel bedeutenden, aber sehr schmerzhaften Unwohlsein zuzuschreiben, was mich gleich nach meiner Rückkehr aus Italien überfallen hat und mir das Schreiben unmöglich machte. Empfangen Sie nun endlich meinen herzlichen Dank mit der Bitte, die Anlage Herrn Professor Stahr zu übergeben. Ich habe

Ihrer sehr gedacht, als mich die Nachricht von dem
plötzlichen Tode Ihrer Freundin erreichte. Den
Beweis, daß ich es tat, möge Ihnen die inliegende
Abschrift liefern, welche ich, ehe ich noch Ihren
Brief erhielt, von einem nehmen ließ, den der
Herzog Bernhard aus Batavia von einem dortigen
hochgestellten Offizier namens Schierbrand be=
kommen. Vielleicht teilt er Ihnen einige neue
Details mit, die für Sie dann gewiß den Wert
haben werden, den dergleichen auf eine teure
Person Bezügliches immer enthält. Wie begreife ich
Ihren Kummer, Sie haben viel an ihr verloren.

An dem Werk des Doktor Sigismund habe ich
eine wahre Freude gehabt; es atmet Wahrheit, ein
feines, sinniges Gemüt und echte Luft von unsern
thüringischen Bergen [1]).

Auch des Gedichtes [2]) erfreute ich mich, von
dem diese historische Bettstelle begleitet wurde; es
soll mit ihr nächstens die Wanderung auf die Burg
machen, wo indessen etwas entstanden ist, das mich

---

[1]) Dr. Berthold Sigismund aus Blankenburg in Thüringen,
Lehrer an der Realschule in Rudolstadt, „Lieder eines fahrenden
Schülers“, herausgegeben von Stahr. Als der Großherzog am
17. Januar 1853 Stahr für die Übersendung der „Lieder eines
fahrenden Schülers“ dankte, fügte er, vor kurzem aus Italien
zurückgekehrt, hinzu: „Soll ich Ihnen sagen, daß und wie
sehr ich Ihrer jenseits der Alpen gedacht habe, danken mußte?
Kennen Sie mich doch, werden also den Schluß auf sich hieraus
ziehen, und ist doch Italien das Land der Seele!“

[2]) Poetische Widmung des Justizrats Eberwein.

wirklich überrascht hat, und zwar ist es die Elo=
quenz des Ausdruckes desjenigen Sinnes, was ich
meinem Unternehmen zugrunde gelegt habe. Nicht
sagen kann ich, wie wohltuend es mir war, gerade
diese Bemerkung nach meiner Rückkehr aus dem
Lande zu machen, wo die Sprache der Kunst und
durch die Kunst sich so gründlich lernt. Daß ich
dies, daß ich so manches andre in dem gelobten
Süden gelernt habe, glaube ich mit gutem Gewissen
versichern zu können. Hier habe ich, wenn auch im
kalten Norden, das Feld wieder betreten, wo ich
so manches anwenden kann, was ich mir dort an=
geeignet habe. Wünschen Sie mir dazu Glück,
Erleuchtung und Kraft. Wahrheit, Ernst und
Schönheitssinn bringe ich selbst. Gott sei mit
Ihnen im neuen Jahr.

<h2 style="text-align:center">30.</h2>

Weimar, 31. März 1853.

Lassen Sie mich Ihre Romanarbeit durch die
trockene Person meines Briefes für einen Augen=
blick unterbrechen, und lassen Sie mich dieser Person
meinen Dank für Ihre Zeilen anvertrauen. Leider
kann ich keine Zeichnung, noch weniger eine Kopie
des Rietschelschen Modells[1] beifügen, denn ich
habe nichts dergleichen. Nur versichern kann ich,
daß ich die Lösung der schweren Frage eine ge=

---

[1] Der für Weimar bestimmten Doppelstatue Goethes und
Schillers.

lungene, sehr gelungene finde. Rietschel hat die Aufgabe besonderer Art, den Charakter der Persön= lichkeiten, der Zeit, in der sie wirkten, des Ver= hältnisses des einen zum andern tief und scharf aufgefaßt und in schönster Form eloquent aus= gedrückt. Nach aller Wahrscheinlichkeit kommt das Monument gegenüber vom Theater, mit dem Rücken an ein zu verbesserndes Gebäude, jedoch freistehend. Die Statue Wielands soll den Platz schmücken, der am Beginne der Straße von Belvedere liegt. Gasser ist allerdings das Kind der Berge, allein in Italien war er nie; er sagte mir sogar auch, er wolle so bald nicht hin, denn dann befürchte er, nicht so bald wiederkommen zu können oder viel= mehr nie wiederzukommen [1]).

Die Wagner=Woche war ein großer Genuß — era un pezzo di Cielo, von demselben Cielo, von dem die Dioskuren, welche Stahr so trefflich beschrieben hat, ein andres pezzo sind [2]). — Ich habe jetzt im Kopf, ein Museum zu bauen, was

---

[1]) Der Bildhauer Gasser war ein Bauernbursche aus dem Zillertale, in Wien ausgebildet. Die Annahme, daß er nie in Italien gewesen sei, scheint auf einem Mißverständnis zu be= ruhen, da ihn Fanny Lewald im Jahre 1846 in Rom kennen gelernt hatte.

[2]) An demselben Tage (31. März 1853) schreibt der Groß= herzog an Stahr dankend für dessen Abhandlung über die Kolosse auf dem Monte Cavallo (Quirinal): „So hat mich Ihre Bearbeitung wieder einen Blick auf dies ewige Rom tun lassen, wie ich ihn immer gern tun möchte: denn erhöht wird in diesem Fall der Genuß, wenn Erläuterung und Beleuchtung

wir so nötig brauchen; wünschen Sie mir, daß dies ein ferneres pezzo werde!

Ich verlasse Sie, um zu einem Konzert in der Kürze zu gehen, wo man bei mir den dritten Akt des „Lohengrin" singen wird. — Die Erbgroß=herzogin läßt Sie grüßen; ich wiederhole für Sie das oft Gesagte.

31.

Weimar, 27. Juli 1853.

Empfangen Sie all meinen herzlichen Dank für den Beweis Ihrer Anteilnahme an dem, was über mich gekommen [1]). Auch Sie kennen den Schmerz und werden daher um so sicherer ahnen können, was ich durchlebt und durchlitten. — Ich danke Ihnen von Herzen für die gute Meinung, die Sie von mir hegen, indem Sie eines mensch=lichen Sinnes Erwähnung tun, den ich besitze. Daß ich mir ihn bewahren werde, bürgt Ihnen Ihre Kenntnis meiner selbst und mein auf meinen Großvater von jeher gerichteter Blick.

Ich bedaure recht sehr, daß Sie so krank ge=wesen sind; schonen Sie sich nur, und ruhen Sie

---

uns den ganzen Umfang dessen kennen lehrt, was wir bewundern. Und in Rom ist die Erläuterung und Beleuchtung so sehr viel wert, denn dann erst darf man hoffen, das richtige Maß an=legen zu können."

[1]) Am 8. Juli 1853 war der Großherzog Carl Friedrich gestorben, und der Großherzog Carl Alexander hatte die Re=gierung angetreten.

sich aus von der Arbeit, die ich mit Freuden empfangen werde; sie wird nicht unbenützt bei mir
liegen.

Ich werde von Professor Stahrs Brief Kenntnis nehmen und freue mich unterdes über seine
gebesserte Gesundheit wie auf sein Werk. Sein
Kunsturteil war mein bewunderter und geliebter
Führer im Süden.

Ich schließe eilend; entschuldigen Sie die
flüchtigen Zeilen mit der vielen Arbeit, die mir
jetzt obliegt.

32.

Weimar, 14. August 1853.

Ihnen beiden zu helfen, war meine Absicht
und bleibt es; in dieser Absicht veranlaßte ich
Herrn von Wydenbrugk[1]), Professor Stahr zu
schreiben, er möge zunächst an den Großherzog von
Oldenburg sich wenden; in gleicher Absicht sprach
ich persönlich mit dem Großherzoge, in gleicher
Absicht endlich greife ich heute wieder zur Feder
und schließe die Anlage bei, welche ich an Professor
Stahr zu richten die Veranlassung aufs neue gab,
schon deshalb, weil es von Wichtigkeit sein könnte,
diese Meinung schriftlich zu haben. Ich schreibe
Ihnen, umsomehr ich Ihren Brief zu beantworten,
Ihnen zu erzählen habe, wie der Großherzog mir
erklärt hat, er könne in der fraglichen Angelegen-

---

[1]) Den weimarischen Minister.

heit unter diesen Umständen nichts tun. Ich komme
also auf den einzigen möglichen Weg. Es ist der,
daß Sie wie Professor Stahr sich um das Staats-
bürgerrecht im Großherzogtum Sachsen bewerben,
also um Aufnahme in irgendeine Gemeinde des
Landes nachsuchen. Gehören Sie dann beide dem
Lande an, so wird die Scheidung erfolgen; denn
nur auf Staatsangehörige kann sich das Gesetz beziehen. — Deshalb mildern Sie den langgenährten
Kummer und halten Sie von dem Leben unter
Menschen untrennbare menschliche Schwierigkeiten
nicht für unübersteigliche Hindernisse, wenn auch
sie oft schwer lasten werden [1]).

Eilend muß ich heute schließen; ich wünsche
Ihnen beiden Frieden von ganzem Herzen.

33.

Ilmenau, 16. Oktober 1853.

Wenn Sie mich für zum wenigsten nicht eben
höflich halten, so kann ich mich darüber ebensowenig

---

[1]) Stahrs Ehescheidung stieß in Oldenburg, wo er als
pensionierter Konrektor des Gymnasiums sein Domizil hatte,
anfänglich auf Schwierigkeiten. Deshalb wendete man sich nach
Weimar, wo die Ehescheidung durch einen landesherrlichen
Gnadenakt gesetzlich zulässig war, und der Großherzog ließ sich
zu solcher bereit erklären unter Voraussetzung der Zustimmung
der Gattin und der vorgängigen Aufnahme Stahrs in den
weimarischen Staatsverband. Gleichwohl wurde schließlich die
Angelegenheit nicht auf diesem Wege, sondern durch einen Ehe-
scheidungsprozeß bei den oldenburgischen Gerichten erledigt.

beschweren als wundern, denn wahr ist es, der
Schein ist gegen mich, allein ebenso natürlich ist
es, daß ich Ihnen offen sage, daß ich deshalb bis
heute mit meiner Antwort auf Ihren letzten Brief
und, was noch mehr sagen will, mit meinem Dank
bis heute wartete, weil ich beides mündlich tun
wollte. Hierzu aber gaben Sie mir selbst Veranlassung, denn Sie schrieben mir, Mitte September
würden Sie in Weimar sein. Doch diese Zeit kam
und eine viel spätere, und Sie erschienen nicht.
Meinen Dank für Brief und Werk[1]) noch länger
hinauszuschieben, ist wirklich unmöglich — empfangen Sie ihn daher heute, er kommt von Herzen.
Sie sendeten mir — dies sind Ihre Worte — jenes
Buch zu meiner Erholung. Ich danke Ihnen im
besonderen für diese Absicht. Für Erholung auch
gebrauche ich es, lese ich es jetzt, hier, in stiller
Waldeinsamkeit zu Ilmenau, wohin ich mich für
ein paar Tage zu meiner leidenden Frau zurückgezogen habe. Ich bewege mich bei der allmählichen
Kenntnisnahme Ihrer Schöpfung in einem mir oft
durchaus sympathischen Element; in manchen Bemerkungen, manchen Ansichten spiegele ich mich wie
in einem klaren Quell. Mehr sage ich nicht, denn
noch bin ich am ersten Band. Ich erkenne, daß
Sie Ihre Seele zum Teil in dies Buch gelegt haben,
denn nur wenn man die Sachen erlebt und erlitten hat, läßt sich bei manchem d e r Ausdruck

---

[1]) Fanny Lewald, Wandlungen. Roman. 1853.

finden, den Sie zu geben wußten. Wie von Herzen
wünsche ich Ihnen dafür Frieden. Dies Wort ent=
hält, was ich für Sie, also auch für alles, was
Sie beschäftigt und so manches Leid Ihnen ver=
ursacht, hoffe. Da ich absolut nicht weiß, wo Sie
sind, schicke ich diese Zeilen an Hettner; der wird
Ihre Adresse kennen.

Grüßen Sie, bitte, Stahr von mir.

34.

Ettersburg, 19. Okt. 1854.

Gern werde ich Schritte tun, dem zu helfen,
wegen welchem Sie mir schreiben. Ob sie dann
gelingen, liegt zwar nicht in meiner Kraft, aber
versuchen kann und werde ich es. Doch vor allem:
ist es wirklich wahr, daß H.[1]) in dies Verhäng=
nis geraten? Denselben Abend, wo ich am
Morgen Ihren Brief erhalten, sagte mir jemand:
Jenes Schicksal sei nun ein Gerücht, ein Brief H.s
von späterem Datum erwähne kein Wort davon,
beweise also, daß ein bloßes Gerücht und keine
Wahrheit hier vorliege.

Der Name „Berlin" auf der ersten Seite Ihres

[1]) Es war das Gerücht verbreitet, daß Moritz Hartmann,
der — aus Österreich verbannt und als politischer Flüchtling
in London lebend — damals als Korrespondent für die
„Kölnische Zeitung" auf dem Kriegsschauplatz in der Türkei tätig
war, in österreichische Gefangenschaft geraten sei. Das Gerücht
bewahrheitete sich nicht: Hartmann war nur erkrankt und kam
ungefährdet wieder zum Vorschein.

Briefes hat mich fast verwundert; ich wähnte Sie wenigstens auf dem Wege nach Rom, denn man sagte mir, daß Sie den Winter daselbst zubringen würden. Meine Wünsche und meinen Neid hatte ich in Gedanken Ihnen schon dorthin voraus= gesendet. Sie mögen indessen dort bleiben und alle die dort erwarten, denen ich Glück wünsche, also auch Sie.

Grüßen Sie Pr. Stahr recht sehr von mir. Im voraus freue ich mich auf seine literarischen Erzeugnisse.

35.

Weimar, 25. Oktober 1854.

Ich spreche Ihnen für Ihre beiden Briefe all meinen Dank aus. Der zweite enthielt die Be= stätigung des mir zugekommenen Gerüchtes — ich freue mich, daß es Wahrheit ist und ich Ihnen meine gute Absicht habe zeigen können.

Ihr erster Brief enthält die Schilderung Ihrer augenblicklichen Lage; möge dieses Interim ein baldiges, befriedigendes Ende finden — von Herzen wünsche ich dies.

Ich darf wohl um Beförderung der Inlage bitten; leite Sie ein guter Stern!

36.

Weimar, 12. Februar 1855.

Schon mehr als einmal habe ich Ihnen gesagt, wie sehr ich Ihnen Frieden wünsche. Mehr als je

tue ich dieses heute, wo Sie im Begriff stehen, das
Ziel Ihrer Wünsche zu erreichen[1]). Möge Gott
Ihnen denselben gewähren und erhalten in reichstem
Maße. Die Folgen einer heftigen Augenentzündung
und eines Rotlaufes nötigen mich leider, mich der
Feder meines Sekretärs zu bedienen, um Ihnen
Antwort, Dank und Wünsche auszudrücken. Nur
Freude sollte dieses Blatt enthalten, allein unmöglich
kann ich meine tiefe Bekümmernis unterdrücken,
welche ich durch die Nachricht von dem Tode des
Herrn von Hauenschild empfunden habe. Ich war
eben mit ihm in Verbindung getreten und freute
mich, durch dieselbe etwas Gutes entwickeln zu
können. Da kam die unselige Botschaft. So ist
das Leben ewiger Kampf[2]).

----

[1]) Die Vermählung Stahrs mit Fanny Lewald hatte nach
seiner endlichen Scheidung von seiner ersten Gattin in Berlin
am 6. Februar 1855 stattgefunden. Nach derselben gestaltete
sich das Verhältnis zu der letzteren, welche mit ihren Töchtern
und dem jüngsten Sohne ihren Wohnsitz in Weimar nahm,
versöhnlich und freundschaftlich; die beiden ältesten Söhne ver-
blieben Stahr; die Kinder verkehrten zwanglos zwischen den
beiden Elternhäusern. Stahrs erste Frau überlebte ihn um
mehrere Jahre und starb 1879. Die beiden Töchter leben als
angesehene Musiklehrerinnen — in früheren Jahren durch Liszts
Umgang und Förderung ausgezeichnet — noch heute in Weimar.

[2]) Richard Georg Spiller von Hauenschild (Max Waldau),
geb. 24. März 1822 zu Breslau, gest. 20. Januar 1855. „Nach
der Natur" 1850. „Aus der Junkerwelt" 1850. Der Großherzog schrieb unter gleichem Datum (12. Febr.) an Stahr: „Sie
haben indes, hart am Ziel Ihrer Wünsche, noch einen schmerz-
lichen Verlust empfunden. Doch ahnen Sie nicht, wie sehr gerade

Entschuldigen Sie, daß ich so spät erst ant=
worte. Ich habe das Diktieren unterbrechen müssen,
weil des Arztes Wille mich eine Zeitlang in das
Bett gebannt hat. Werde Ihnen Gesundheit und
Glück zuteil; dies wünsche ich Ihnen von Herzen.

37.

Wilhelmsthal, 24. Juli 1855.

Ich habe mit Freude Ihre Zeilen vom 19. d. M.
begrüßt; ich habe mit Freude und Interesse sie ge=
lesen. Sie werden sich erinnern, daß ich Ihnen
stets Frieden gewünscht habe; Sie werden also sich
selbst sagen, wie gern ich das beweisende Bekennt=
nis empfangen, daß mein Wunsch in Erfüllung
gegangen nach allen Richtungen hin, nach a l l e n ,

---

dieser auch mich betraf. Wenige Tage vor seinem Tode hat
Herr von Hauenschild mir seine neuesten Werke überschickt, hat
er mir geschrieben. Ich hatte ihm darauf in einem langen
Brief geantwortet und ihn gebeten, zu mir zu kommen, mich
im voraus freuend auf die Vorschläge, die er mir machen
wollte. Die Nachricht von seinem Tode erschütterte mich tief.
Ihre Zeilen beweisen mir, wie Sie es erst sind. Wissen Sie,
was das für Vorschläge waren, die er mir machen wollte?
Waren Sie eingeweiht in seine Pläne? Vielleicht können wir
dennoch im Geiste des Verstorbenen etwas tun, etwas leisten."
Schon früher war der Großherzog auf Hauenschild aufmerksam
geworden; am 20. Mai 1851 sendete er Stahr Briefe Max
Waldaus über Weimar dankend zurück, „deren bedeutsamer
Inhalt mich sehr frappiert, denn selten habe ich Briefe gelesen,
die mit mehr Geist und Gemüt geschrieben waren".

sage ich, es besonders hervorhebend, — Gott der
Allmächtige erhalte Sie dabei!

Ich danke Ihnen für Ihre Teilnahme an
meinen, gottlob, überstandenen Leiden. Sie waren
nicht so schlimm, als sie sich ausnahmen, und
haben für mich das Gute gehabt, daß, genötigt,
die sich kreuzenden Fäden der Geschäfte für eine
Zeitlang ruhen zu lassen und von dem Gewirre
der Welt mich zurückzuziehen, ich einmal wieder so
recht eigentlich in mein Selbst einkehren und wieder
Luft schöpfen konnte, — das Bedingnis, das unab=
wendbare, sich über die Sachen zu erheben und sich
oben zu erhalten. Ich werde dies Bestreben in
Wildbad hoffentlich fortsetzen können, wohin die
Ärzte mich treiben. Leihen Sie mir hierzu die
Hand, und schicken Sie mir deswegen bald Ihren
neuen Roman[1]). Den Freytags[2]) habe ich soeben
beendet und fälle über ihn dasselbe Urteil, das
Ihr Brief mir bringt. Er hat den großen Vorzug
der Wahrheit und Natürlichkeit, und dies besonders
für jemanden, der, wie ich, Schlesien und seine
Zustände durch eigne lange Anschauung kennt. Ich
ließ den Autor hierherkommen, um ihm zu danken
für das mir gesendete Werk, um den Vater mit
dem Kinde und durch das Kind an der Hand
kennen zu lernen. Einen sehr interessanten Tag
verdanke ich seiner geistreichen Unterhaltung. — Daß

---

[1]) Es handelt sich um den Roman „Adele“.
[2]) „Soll und Haben“, erschienen 1855.

Sie noch frische Luft und Labung in freier Natur
aufsuchen wollen, nachdem Sie die Ruhe auf einem
Eisenbahnhof[1]) gesucht haben, nimmt mich nicht
wunder. Sie werden ein schönes Gebirge sehen
und an der Schneekoppe zumal großartige Eindrücke
haben und dann auch Schlesien am Ende lieb=
gewinnen. Ich tue es; selbst Breslau schließe ich
nicht aus, denn die Erinnerung an angenehme und
fördernde Tage, an einem Orte verlebt, ist meist
das Geheimnis unsrer Liebe für denselben.

Sprechen Sie meine herzlichsten Grüße Ihrem
Gatten aus, und empfangen Sie die meiner Frau.

Gedenken Sie meiner in treuer Erinnerung.

38.

Belvedere, 2. Okt. 1855.

Abermals habe ich Ihnen für eine Freude zu
danken, denn vorgestern erhielt ich die Fortsetzung
Ihres Romans. Ich gestehe Ihnen, daß ich diese
gewünscht habe, und gestehe es um so freimütiger,
weil ich weiß, daß ich mit dieser Freimütigkeit auch
Freude mache. Gewünscht aber habe ich die Fort=
setzung, weil das Interesse, welches uns an ein
Werk fesselt, es immer als von besonderem Wert
erkennen läßt, wenn der Schöpfer jenes Werkes
persönliche Sorge nimmt, das Interesse zu erneuern,

---

¹) Fanny Lewald=Stahr war in Breslau bei ihrem Onkel,
dem Direktor der Oberschlesischen Eisenbahn, Friedrich Lewald,
zum Besuch.

zu verstärken. Daß aber mein Interesse ein bereits
lebhaftes war, sagte Ihnen mein letzter Brief; daß
es ein und dasselbe blieb, sage Ihnen dieser, und
in der Tat, wenn etwas dieses Interesse auf das
Kommende spannen kann, so ist es diese richtige
Bemerkung, die Sie machen, wenn Sie sagen: „daß
in dem Leben in seinem anscheinend so ruhigen
Gange das Allerüberraschendste liegt, und daß man
gar nicht nötig hat, Dinge zu erfinden und hinzu=
zusetzen, die eben so in den Sphären, in die man
sie hineinbringt, nun und nimmermehr geschehen
könnten." Es ist diese Wahrheit eines der Geheim=
nisse der Wirkung der Werke Shakespeares, wie der
Mangel dieser Wahrheit die Erklärung dafür ab=
geben dürfte, daß die meisten Romane dieser Zeit
nicht länger dauern als ihr Einband und selten so
lang — Romane wie Stücke! Das Werk Professor
Stahrs[1]) will ich zur Hand nehmen. Ich kann
mir vollkommen denken, daß das selbst Bekannte
in der neuen Gestaltung als eine neue Persönlich=
keit Ihnen erscheint.

Ich glaubte Sie in Rom, mit Erstaunen las
ich „Westphalen" auf der Adresse. Lebhaft bedaure
ich für Sie wie für Professor Stahr diese Störung
eines gehofften Glückes, denn Glück ist jeder wahr=
haft fördernde Zustand, Italien aber ist und wird
ein solcher, so Gott will, für Sie beide.

---

[1]) Torso. Kunst, Künstler und Kunstwerte der Alten.
1854—1855.

Mein Aufenthalt in Ostende war diesmal ein sehr kurzer, in mancher Hinsicht ein angenehmer, in jedem Fall ein vom Wetter begünstigter.

Nach Dresden also sende ich diesen Dank.

Die Großherzogin ist im Seebad im südlichen Frankreich.

39.

Weimar, 2. Januar 1857.

Mit Freuden habe ich Ihren Brief vom letzten Tag des vorigen Jahres empfangen und gelesen. Aus diesem Bekenntnis werden Sie ebenso leicht meinen Dank wie die klare Einsicht unsrer gegenseitigen Beziehungen entnehmen. Noch deutlicher wird Ihnen letzteres, wenn ich Ihnen sage, daß es mir nicht erinnerlich ist, in Wildbad von Ihnen einen Brief erhalten zu haben[1]), und daß, wäre es dennoch geschehen, ich mich wundern müßte, nicht geantwortet zu haben, weil ich mich als einen gewissenhaften Korrespondenten kenne, wenn auch als einen solchen, welchen die wachsenden Pflichten oft zu sehr kurzen Briefen nötigen. Mein Nicht=bei=Ihnen=erscheinen in Berlin darf Sie nicht und würde Sie auch nicht wundern, kennten Sie die Existenz, welche ich dort führen muß oder die, besser gesagt, mir zu führen allein übrig bleibt. Die Zeit,

---

[1]) Der Brief nach Wildbad war Moritz Hartmann anvertraut gewesen und von diesem, wie sich herausstellte, nicht an seine Bestimmung geleitet worden.

welche ich — einmal dort — meinen weit auseinander wohnenden Schwestern zu widmen habe, dann die Stunden, welche durch den Hof — den oft auch weit entfernt wohnenden — weggenommen werden, lassen mir dann kaum die Augenblicke frei, die ich zu meiner Ruhe nötig habe, so daß ich selbst meine hauptsächlichste Erholung, die Besuche bei Humboldt, in frühester Morgenstunde nur gewinnen kann.

Sie entfalten vor meiner Seele ein Bild befriedigenden Eindrucks, denn Sie zeigen mir Gesundheit, Tätigkeit, Familienglück. Gott erhalte Ihnen dies alles; nicht besser könnte ich Ihnen heute wünschend nahen. Mit um so größerem Interesse werde ich dem Talente des Frl. Elise Schmidt[1]) einen Zuhörer abgeben, da Sie dieselbe mir empfehlen. Ich werde gerne sie in Weimar sehen.

Grüßen Sie Ihren Mann recht sehr von mir, in dessen „Torso“ ich studiere. Den Empfehlungen für die Großherzogin antworten die Grüße derselben für Sie, denen ich, was mich betrifft, den Ausdruck meiner von lange her wohlbekannten Gesinnungen beifüge.

---

[1]) Dramatische Dichterin und Vorleserin. Ihr Drama „Judas Ischarioth“ (1851) ist neuerdings im Zusammenhange mit Paul Heyses „Maria von Magdala“ wieder mehrfach erwähnt worden. Das Drama „Der Genius und die Gesellschaft“ (Lord Byron) erhielt sich um die Mitte der fünfziger Jahre einige Zeit auf dem Repertoire des Berliner Schauspielhauses. Elise Schmidt führte später ein Einsiedlerleben in Berka bei Weimar und ist dort gestorben.

40.

Weimar, 27. Februar 1857.

Nehmen Sie all meinen Dank für den er=
haltenen Beweis meiner Schuldlosigkeit wie die
neuen Ihres Talentes¹). Ich freue mich, letztere
kennen zu lernen, welchen Genuß ich wohl für das
Land aufsparen möchte, wo es sich im kühlen
Schatten unsrer Thüringer Felsen gut ausruht
von der Winterarbeit. So knüpft sich zukünftiger
Dank an den alten, wie ich den neuen Ausdruck
meiner besonderen Hochachtung gern dem alten
anreihe.

41.

Weimar, 4. Sept. 1857.

Lassen Sie mich Ihnen recht von Herzen für
den Brief danken, der mir soeben Ihren wie Ihres
Gatten Anteil an dem herrlichen Feste bringt,
dessen mich tiefbewegende Feier meine Seele er=
füllt²). Sie beide fühlen zu innig selbst die reiche

---

¹) Deutsche Lebensbilder. Erzählungen von Fanny Lewald.

²) Die Weimarer Septemberfeste des Jahres 1857 waren
durch die Feier des hundertjährigen Geburtstags des Groß=
herzogs Carl August veranlaßt. In erster Linie begangen
wurden sie durch die Grundsteinlegung des Denkmals Carl
Augusts auf dem Fürstenplatz und durch die Enthüllung der
Dichterdenkmäler (der Doppelstatue Goethes und Schillers und
der Wielandstatue). Zu den Festen hatten alle noch lebenden
Nachkommen Goethes, Schillers und Wielands Einladungen

Bedeutung dieser Tage, als daß ich über dieselbe noch Worte verlieren sollte. Ja verlieren, denn verloren ist eigentlich jedes überflüssige Wort, und überflüssig wäre es, wollte ich Ihnen beiden sagen, was mich bewegt, da Sie beide mich kennen. Aber trotzdem wissen Sie doch vielleicht nicht, wie sehr Ihr Brief mich erfreut hat, und deshalb lassen Sie dieses mich aussprechen und Ihnen mit warmem Herzen danken, Ihnen wie Ihrem Gatten.

Ich wünsche Ihnen so viel Gutes als Sie mir, — das ist doch einmal praktisch gewünscht, um so mehr ich dann sicher weiß, daß es Ihnen wie mir recht gut gehen wird.

—

erhalten, und ganz Deutschland nahm an denselben Anteil. — Am 14. September 1857 schrieb der Großherzog aus Wilhelms- thal für eine auf die Feste bezügliche literarische Zusendung dankend an Stahr: „Wie sehr dieser Dank meinem Herzen entspringt, werden Sie der eigenen Kenntnis meines Charakters, der eigenen Erinnerung der Liebe glauben, mit der ich der großen Vergangenheit Weimars im allgemeinen wie dem An- denken meines Großvaters zugetan bin." Welch eine Tat die Errichtung der Dichterdenkmäler in dem damaligen zersplitterten Deutschland war, mag in der heutigen monumentenreichen Zeit daraus entnommen werden, daß zu den Kosten „Weimars Fürstenhaus 6700 Taler, der Kaiser Napoleon und zwei fran- zösische Prinzen (mutmaßlich der Graf von Paris und der Herzog von Chartres) 2600 Franks, Mailand 44 Taler, Berlin — einen Taler" beisteuerten. Dr. H. Gerstenberg, Aus Weimars nachklassischer Zeit. Hamburg 1901. S. 46.

42.

Belvedere, 31. Aug. 1858.

Ich bin Ihnen mehrfachen Dank für Ihren
Brief von dem 22. d. M. schuldig. Ich fasse ihn,
diesen Dank, indessen kurz zusammen, da ich, im
Begriff, zu der großen Ausstellung nach München
zu reisen, in den antiepistolarischesten Umständen
mich befinde. —

Ihr Anteil an dem Gelingen der Jenaer be=
deutenden wie bedeutsamen Feste, Ihr Anteil an
der Errichtung des Monuments[1]) hat mich wirklich
erfreut, weil ich weiß, daß er ein wahrer ist. Wie
sehr mich diese Zeit ergriffen, gehoben hat — auch
das werden Sie — aus gleichem Grunde — fühlen.

Ich bin durch Ihr Verlangen nach dem Briefe
des Majors Beitzke[2]) — der indessen in Jena Doktor
geworden — in Verlegenheit gesetzt, denn umsonst
habe ich bisher das Papier gesucht wie suchen lassen.
Ich sage „bis jetzt" und beweise also, daß ich weiter
mich bemühe und andre sich bemühen.

Ich habe sofort nach Mailand dem Bankier=
hause Mylius, eine halb deutsche, halb italienische

---

[1]) Enthüllung des Denkmals des Kurfürsten Johann
Friedrich des Großmütigen auf dem Marktplatz in Jena in
Anknüpfung an die dreihundertjährige Jubelfeier der Gründung
der Universität.

[2]) Beitzke, Carl Ludwig, Major a. D., geb. 1798, gest.
1867. Geschichte der deutschen Freiheitskriege (1812—1815).
Berlin 1855. Geschichte des Jahres 1815. Berlin 1865.

Familie, schreiben lassen, daß sie für Sie wie für Ihren Gatten Sorge tragen sollten. Ich habe dasselbe tun lassen, indem eine zweite Rekommandation nach Venedig ergangen ist an den Maler Nerly (palazzo Pisani, calle St. Stefano), einen Deutschen[1]). Ich kenne in Genua und Turin niemanden, an den ich Sie rekommandieren könnte. Der Gedanke, daß Sie und Stahr den Boden der ewigen Schönheit wieder betreten, ist mir eine Freude — ach, ich messe sie an meiner ganzen, immer neuen Sehnsucht nach dem Jenseits der Alpen! —

Auf den „Lessing"[2]) bin ich sehr gespannt, denn er kann nur dem Autor und dem Gegenstand würdig sein.

Doch nun lassen Sie mich schließen und die besten Wünsche diesen Zeilen beifügen, die Sie kennen an   Ihrem ergebenen C. A.

Meine Frau grüßt Sie herzlich.

43.

Weimar, 1. Dezember 1858.

Aus Ihrem Briefe habe ich mit Freuden den Beweis entnommen, daß meine Empfehlungen,

---

[1]) Friedrich Nerly (eigentlich Nehrlich), geb. zu Erfurt 24. Nov. 1807, gest. in Venedig 21. Ott. 1878. Namhafter Maler, insbesondere venetianischer Straßenveduten.

[2]) Stahrs Lessing, sein Leben und seine Werke, erschienen Berlin 1859.

teilweise wenigstens, bei Jhrer italienischen Reise
von Nutzen, daß meine guten Wünsche für letztere
Jhnen glückbringend gewesen sind. So möge die
Reise in das Land der Sehnsucht auch in den
Folgen glücklich sein — ich wünsche mutig, denn Ver=
wirklichung gehegter Wünsche gibt gewöhnlich Mut.

Jch freue mich Jhres Urteils über meinen
Schwager, der das Vertrauen verdient, das man
in ihn setzt und das er einflößt[1]).

Jhr Urteil über Venedig und Genua wundert
mich nicht, wenngleich meine Vorliebe für ersteren
Ort mir ihn in nicht so sehr trübem Lichte er=
scheinen läßt. Jst er ein trauriges Märchen, ist
er ein schönes doch und ein einziges in jedem Fall.

Mit Freuden werde ich Sie endlich in Jhrer
Häuslichkeit aufsuchen; einstweilen sende ich meine
Grüße für Jhren Gatten dorthin voraus, sowie
für Sie den Ausdruck alter Ergebenheit.

44.

Ettersburg, 5. Juni 1859.

Es ist nächst dem Trost, welchen uns Gott
gewährt, die Teilnahme mitfühlender Herzen das=
jenige, welches dem wunden Gemüt am wohlsten
tut[2]). Mit dieser Überzeugung lassen Sie mich für

---

[1]) Es waren die erhebenden Tage nach der Übernahme
der Regentschaft durch den Prinzen von Preußen.

[2]) Am 26. Mai 1859 war die Prinzessin Sophie (geb.
29. März 1851), die zweite Tochter des Großherzogs, gestorben.

Ihren gestern empfangenen Brief danken. Das Leben ist ein Kampf, eine Arbeit von jedem Tag; so muß auch diese Prüfung genommen werden, welche uns Gott sendet und der uns auch gewiß beistehen wird und beisteht sie zu bestehen, also richtig zu durchkämpfen. Der Gedanke, daß das geliebte Kind bei ihm geborgen und beschützt ist, bleibt ein Trost mitten in dem Schmerze der Trennung. —

Ich kenne jene Broschüre nicht, will sie aber lesen. Die Beurteilung der Schwere dieser Zeit hängt großenteils von der urteilenden Individualität ab. Der Gedanke, daß das Vaterland entschieden gefördert durch sie wird, ist dennoch tröstlich und aufrichtend, mitten in dem Gewirre.

Danken Sie, bitte, Ihrem Gatten herzlich von mir. Daß ich Sie beide immer nicht sehe, ist ein wahres Verhängnis, namentlich in Berlin, wo ich selten auch nur einen Augenblick für mich habe. Lassen Sie mich hoffen, daß die schönen Thüringer Berge Sie in diesem Sommer zu uns locken.

45.

Den 27. Aug. (Helgoland 1859)[1].

Ich denke, es ist das Richtigste, wenn ich Ihnen persönlich meinen Dank für Ihre und Ihres Gatten

---

[1] Von Mitte August bis Anfang September 1859 waren Stahrs gleichzeitig mit dem Großherzog zur Kur in Helgoland. Über diesen Aufenthalt Näheres in Stahrs Briefen an seinen

Teilnahme ausspreche, und persönlich Ihnen an=
zeige, daß es mir, Gottlob, heute nach einer sehr
guten Nacht besser geht. Aber der Doktor will von
einem Bade noch nichts hören, und so bleibt mir
nur, angesichts des Meeres, die Hoffnung und der
Neid übrig. Beide stärken nicht sonderlich. Sie
sind zu gütig, sich zu fragen, womit Sie mir
helfen könnten. Ich danke Ihnen herzlich dafür
und knüpfe daran die Frage, ob Sie mir wohl
Ihre Bemerkungen über die „Meereseindrücke"
senden können, die Sie niedergeschrieben und von
denen Sie mit mir gesprochen haben. Ihrem Gatten
danken Sie indessen, bitte, für den mir gestern ge=
sendeten Aufsatz, den ich ernsthaft zu studieren
mich anschicke[1]). Ich werde den Autor zu mir
bitten, sobald ich nur ein wenig aus dem ver=
dammten Zirkel von Reiswasser und Sago, Sago
und Reiswasser herausgetreten sein werde. Übrigens
habe ich so viel Bücher als möglich in diesen Zirkel
hineingenommen, so daß meine dünnwandigen
Zimmer aussehen wie die Wohnung eines Philo=
sophen. Daß ich letzterer nicht bin, erinnert mich
meine Ungeduld fortwährend.

———

Sohn Alwin bei Ludwig Geiger, Aus Adolph Stahrs Nach=
laß, S. 228 ff. Ende August war der Großherzog an einem
Ruhranfall erkrankt.

[1]) Es handelt sich um ein vom Großherzog veranlaßtes
Memoire Stahrs über die Mittel, Weimar zu einem Mittel=
punkt deutscher Kunstbestrebungen auszugestalten. Geiger,
a. a. O. S. 231 ff.

46.

Auf Ihren guten Morgen antworte ich durch einen guten Abend. Ich wollte, ich könnte mich durch das heutige Datum[1]) begeistert fühlen, um Ihnen passend für die Inlage zu danken, allein mir geht es mit den an dies Datum sich knüpfenden Erinnerungen wie dem müden Reisenden am Fuß eines herrlichen Berges: er sieht ihn an, die Schwungkraft fehlt jedoch, ihn zu ersteigen. — Indessen wird die Dankbarkeit nie die entbehren, durch die sie Ausdruck gewinnt. So lassen Sie sich danken für Ihre Blätter, die vielen Reiz mit einer wunderlichen Aufgabe verbinden, der Sie sich unter= zogen. — Ihrem Gatten danke ich im voraus schriftlich für seinen Aufsatz, den ich mit großem Interesse gelesen habe. Er ist eine bedeutungsreiche Arbeit.

Sei Ihnen der Abend glücklich wie er mir, dem Gefangenen, schön zu sein scheint.

47.

Ich danke Ihnen, ich danke Prof. Stahr für die mir übersendeten Blätter. Ich nehme dankbar Ihren Vorschlag für morgen an und gestehe Ihnen offen, daß ich eigentlich die Absicht hatte, auch

---

[1]) Goethes Geburtstag.

heute an Ihre Tür abends zu klopfen. Darf ich
dies tun? oder belästige ich Sie? Sagen Sie es
mir offen eben wie ich Ihnen die Frage getan.

48.

Weimar, 5. Febr. 1860.

Für herzliche gute Wünsche dankt man immer
gern — sollte es wenigstens — sie kommen nun,
wann sie wollen. Weshalb diese an einen besonderen Tag zu binden seien, habe ich nie begriffen,
ebensowenig wie man das Recht hat, von jemanden
das Tun oder Unterlassen mancher Dinge zu verlangen, weil er so und so viel Jahre zählt. Alter
und Jugend sind relative Wahrheiten, und kon-
ventionelle Herzlichkeitszeiten haben für mich nur
einen Wert der Konvention. So danke ich Ihnen
herzlich für Ihre immer willkommenen Wünsche,
Ihnen wie Ihrem Manne.

Ihre Bemerkung über die Ungerechtigkeit rücksichtlich der Schriftstellerinnen ist eine merkwürdige
Sache; sie verdient also be- und gemerkt zu werden;
man muß sich dieselbe überlegen, um etwas Gutes
und Schönes mit Gottes Hilfe heraus zu entwickeln,
wenngleich dieses langsamer gehen wird, als es
hoffentlich mit Ihrer neuen Einrichtung in der
Matthäikirchstraße der Fall sein wird. Ich beklage
Sie in dem Greuel dieser Übergangsperiode zu
wissen — die Absicht, das zu Schaffende möglichst harmonisch zu bewerkstelligen, wird Ihnen dabei helfen.

Ich freue mich der guten Folgen des Bades; ich kann ein Gleiches bei mir rühmen; indem jene Zeit auf der Insel meiner Seele in jedem Falle wieder Ruhe und Sammlung gab. Meinem Körper habe ich nach der Rückkehr viel Arbeit zumuten müssen, meinem Geist nicht weniger und nicht immer in richtigem Verhältnis, so daß ich oft nerven= erregt war; aber allmählich gleicht sich, Gott sei Dank, das wieder aus, und an Vollendetes reihe ich gern Neuzuvollendendes an.

Die Großherzogin beauftragt mich, Ihnen zu danken.

49.

Eisenach im Herbst 1860.

Glauben Sie, bitte, der Herzlichkeit meines leider verspäteten Dankes für Ihren gütigen Brief von dem 7. September. Diesen Dank wünsche ich Ihnen besonders durch die Versicherung der Freude auszudrücken, welche Sie mir durch Ihr Urteil über die Wartburg, über Weimar machten. Was man liebend pflegt und pflegend liebt, von andern ver= standen und geliebt zu sehen, ist immer ein Glück. Dieses empfindend und mit der Bitte, Professor Stahr von mir zu grüßen, verbleibe ich

Ihr ergebener C. A.

50.

Abtei Heinrichau, 10 Okt. 1863.

Ihr Brief aus Bonn von dem 23. September suchte mich in Weimar und erreichte mich erst vor

wenigen Tagen hier, tief in Schlesien, hinter diesen
alten Zisterzienser-Mauern. Eine Freude wird es
mir sein, Ihren wie Ihres Gatten Wunsch zu er=
füllen, wenn dies mir möglich sein wird[1]); diese
Möglichkeit zu erreichen, habe ich bereits die nötigen
Schritte getan, der Erfolg hängt indessen nicht
bloß von mir ab, da z. B. bei jeder Besetzung diplo=
matischer, also auch Konsularstellen die Verständigung
mit der Regierung, bei welcher die betreffende Per=
sönlichkeit zu akkreditieren ist, vorauszugehen hat.
Mir persönlich, als für die Interessen des Landes
verantwortlich, ist übrigens ein Konsulat in Lille
erwünscht und die Persönlichkeit Ihres Stiefsohnes
nach allem, was Sie sagen, willkommen.

Gegen die Meinung, daß ich Sie vergessen,
protestiere ich ebenso entschieden als gegen die Logik
des Satzes, daß ich Sie vergessen, weil ich in
Berlin Sie nicht besucht habe. Ich sagte Ihnen
schon einmal, daß ich nirgend weniger unabhängig
bin als in Berlin; ich wiederhole es jetzt; es war
jeder Aufenthalt in jener Stadt für mich seit zehn
Jahren ein immer anstrengenderer als der vorher=
gegangene. So blieb mir nur übrig, mich auf
meine nächsten Pflichten zu beschränken.

Sobald ich kann, werde ich in der Angelegen=
heit Ihres Stiefsohnes Ihnen Nachricht geben oder
geben lassen. Einstweilen bitte ich Ihren Mann

---

[1]) Es handelte sich um die Errichtung eines Großherzogl.
Sächsischen Konsulates in Lille, wo Stahrs ältester Sohn als
Kaufmann etabliert war.

von mir zu grüßen und sich so zu pflegen, daß
keine Besorgnis für Ihre Gesundheit sich wieder=
hole.

51.

Wartburg, 26. Okt. 1863.

Herzlich hat mich Ihr eben erhaltener Brief,
hat mich Ihre Zusendung[1]) erfreut, und mit dem
diesem Gefühl entsprechenden Ausdruck lassen Sie
denn mich Ihnen danken. Gerade dieses Werk zu
lesen, habe ich oft vorgehabt, es von Ihnen zu er=
halten oft gewünscht; urteilen Sie nun, ob die
Sendung willkommen.

Ich freue mich Ihres Urteils über meinen Groß=
vater; es ist dies ein richtiges Urteil. Manches,
von beiden Seiten, mußte allerdings[2]) zurückbehalten
werden, doch dies schwächt nicht den die Haupt=
personen charakterisierenden Eindruck.

Noch weiß ich nichts Neues in der Angelegen=
heit des Konsulats, denn daß ich in ihr tätig bin,
ist nichts Neues.

Ich danke Ihnen für Ihre guten Wünsche.
Es gibt Zeiten, wo man deren mehr braucht als
in andern, und dies ist eine solche.

---

[1]) Fanny Lewald=Stahr, Meine Lebensgeschichte.
1861—1863.

[2]) Bei der Herausgabe von Briefen des Großherzogs.

52.

Weimar, 13. Febr. 1864.

Im Augenblick, wo ich Ihnen schreiben wollte, die Übersendung durch einige Worte zu begleiten, erhalte ich Ihre Zeilen vom 12. d. M. So vereinige sich denn meinen Dank für dieselben mit der Erfüllung Ihres Wunsches, dessen Verwirklichung ich mich ebenso freue als ich bedauerte, sie nicht früher zu sehen. Die von dem Staate abhängigen gesetzlichen Formalitäten, in welchem der nunmehrige Konsul in Lille residiert, sind indes erst vor wenig Tagen beendigt worden und mußten abgewartet werden. Da ich mir denke, daß es Ihnen Freude machen wird, die Ernennung selbst zu übersenden, lege ich das Dekret zu diesem Behuf in Ihre Hände.

An Ihrer „Lebensgeschichte" lese ich mit immer neuer, ja zunehmender Freude und möchte durch diese Versicherung meinen aufrichtigen Dank für jenes Geschenk wiederholen.

Sehr seltsam ist es, daß Sie gerade in dem Augenblick mir den Beweis Ihrer Vorliebe für Goethe und seines wohltuenden Einflusses auf Ihre Seele entgegenbringen, wo ich — fast möchte ich sagen: mehr als je — ganz gleichem Eindruck mich hingegeben fühle. Dieselbe Ursache, der furchtbare Ernst dieser Zeit, ist das Geheimnis der Gleichheit dieser Ansicht wohl zunächst; doch es kann

nur Wurzel auf dem Bewußtsein fassen, daß
Goethe durch das große Beispiel seiner Selbst=
erziehung einen magischen Einfluß auf alle Seelen
äußern muß, die streben, den Zweck des Lebens sieg=
reich aus dem Leben davonzutragen.

Von dem Leben der Jetztzeit scheint jener
Roman, dessen Sie Erwähnung tun, ein merk=
würdiges Kennzeichen zu sein[1]). Ihn kennen zu
lernen, war meine Absicht.

Recht herzlich wünsche ich, daß Ihre Gesund=
heit sich vollkommen herstelle; grüßen Sie, bitte,
Ihren Gatten von mir und empfangen Sie den
wiederholten Ausdruck meiner besonderen Hoch=
achtung.

53.

Ohne Datum.
(Weimar, Anfang Mai 1864)[2]).

In diesem Augenblicke erhalte ich Ihre Zeilen,
deren Inhalt mich in doppelter Hinsicht bekümmert.

---

[1]) Es handelte sich um einen französischen Roman von
einem ungenannten Verfasser Le maudit, gegen Papsttum
und Jesuitismus gerichtet.

[2]) Stahrs waren während der Versammlung der
Shakespeare=Gesellschaft einige Tage in Weimar gewesen und
kehrten am 3. Mai nach Berlin zurück. In Anlaß dieser
Versammlung und zur Feier von Shakespeares dreihundert=
jährigem Geburtstage fand unter Dingelstedts Leitung die
damals viel besprochene Aufführung der Shakespeareschen
Königsdramen statt. Im übrigen schreibt Stahr: "Das Leben

Denn an die Nachricht von der Erkrankung Ihres
Gatten reiht sich die Kunde Ihrer morgenden Ab=
reise. Ob sich Abreise und Erkrankung indessen
vertragen, bitte ich (wenn auch nicht ohne Egois=
mus von meiner Seite) recht ernstlich zu überlegen.
Desgleichen bitte ich mir zu sagen, was Sie unter
früher Abreise verstehen? Meinten Sie die
Mittagszeit, so hätte ich noch Hoffnung, Sie zu
sehen.

54.

Weimar, 15. Mai 1864.

Eben von der Wartburg zurückkehrend, fand
ich Ihren Brief von dem 13. d. M., fand ich das
denselben begleitende Paket vor. Für beides spreche
ich Ihnen all meinen Dank aus. Auf meinen
jetzt bereits sonndurchglühten Felsen habe ich mit
steigender Befriedigung in Ihren Memoiren gelesen,
und passend fügen sich dieselben zwischen unsre
mündliche Unterhaltung und den Brief, der vor
mir liegt. Passend wird sich auch — dessen bin ich
gewiß — für die Großherzogin die Sendung[1] dem
bedeutsamen Thema anfügen, das Sie beide zu=

---

in Weimar ist unerträglich. Alles ist verzankt, verhetzt, ver=
feindet, keiner erkennt den andern an, überall Medisance und
schlimmer Klatsch, und nur der Großherzog hat liebevolles Ein=
gehen und Freundlichkeit des Herzens." L. Geiger, Aus Adolph
Stahrs Nachlaß, S. 281.

[1] Der „Osterbriefe" von Fanny Lewald=Stahr, die An=
sichten der Verfasserin über die Frauenfrage behandelnd.

sammen verhandelt. Ich setze dieses, wenigstens
den Teil, der sich auf die Berechtigung der Frauen
bezieht, nun fort, indem ich nunmehr auf das
Kapitel übergehe, von welchem Sie sagen: Sie
wünschten diese Frage zwischen uns beiden zu er=
örtern. Von vornherein muß ich nun sofort er=
klären, daß das Nichteinladen [1]) mit Ihrem Wert
als Schriftstellerin durchaus gar nichts zu tun hat,
zu tun haben kann. Ihr Talent ist so unbestreit=
bar als unbestritten — ich brauche dieses weder zu
erörtern noch zu beweisen, ich brauche auch nicht
zu versichern, daß Weimar nicht der letzte Ort ist,
wo man dies fühlte und fühlt —, dies versteht sich
alles von selbst, am sichersten zwischen Ihnen und
mir. Die Nichteinladung war vielmehr die haupt=
sächliche Folge, daß wir nur die Koryphäen
Shakespeares ins Auge zu fassen hatten, auf
diese Grenze also uns zu beschränken genötigt
waren. Daß aber Sie von meiner Frau den
Kunstschätzen zugeführt wurden, die in ihrem Besitz
sind, war doch ebenso natürlich als richtig, denn
man zeigt doch gern das Beste, was man zu be=
sitzen meint, dem, den man ehren will.

Mit großer Spannung sehe ich den Blättern
entgegen, die Ihr Gatte dem Publikum, Ihre Güte

---

[1]) Zu einer Hoffestlichkeit anläßlich der Shakespeare=
Feier (24. April 1864). Hierüber auch L. Geiger, Aus Adolph
Stahrs Nachlaß, S. 280.

mir verspricht¹). Ich kenne fast keine männliche
Feder, die jetzt nach meinem Gefühl von Schönheit
entsprechender schriebe als er. Nie werde ich ver=
gessen, was z. B. sein „Jahr in Italien" mir war
und ist. Ich sah ihn daher neulich mit großer
Sorge so leidend reisen. Meine besten Wünsche
sende ich ihm für sein Wohlbefinden und Ihnen
für das alles, was Sie im Bereich des Edlen und
Schönen so innig erstreben.

Hier ist denn auch mein Bild. Ich finde es
schlecht, habe aber kein besseres; werde ich indessen
eines erhalten, stellt es Ihnen zu Gebot

Ihr dankbarer C. A.

55.

Weimar, 13. Dez. 1864.

Zunächst und vor allem empfangen Sie die
Korrespondenz meines Großvaters mit Goethe²)
— ich sage „zunächst", denn die Erfüllung eines
gegebenen Wortes muß „vor allem" stattfinden.

Dann lassen Sie mich Ihnen gestehen, daß ich
Ihren Roman³) noch nicht gelesen habe, weil hierzu

---

¹) Die Shakespeare=Feier in Weimar 1864. Sechs Briefe
an Dr. Friedrich Zabel in Berlin. — Auch als Anhang ab=
gedruckt in Adolph Stahr, Aus dem alten Weimar. Berlin
1875. S. 196—254.

²) Briefwechsel des Großherzogs Carl August mit Goethe
1776—1828. Leipzig 1863.

³) „Von Geschlecht zu Geschlecht", zunächst im Feuilleton
der „Kölnischen Zeitung" erschienen.

Ruhe gehört. Wenn ich aber dieselbe seit Ostende[1]) hatte, mußte sie der Arbeit gehören. Ich hoffe und glaube aber, daß ich nun — um mit Goethe zu reden — „dieses Gute mir gönnen kann".

Dingelstedt hat mir noch nichts von Ihrem Stück[2]) gesagt; sehr aber billige ich seinen deshalb bei Ihnen getanen Schritt, und mit gespanntem Interesse erwarte ich den Zeitpunkt es kennen zu lernen.

Sie noch leidend zu wissen, beunruhigt mich, denn es widerspricht sozusagen, Ihrer ganzen Natur. Möge es Ihnen bald wieder so gehen, daß Sie sich Ihrer selbst wieder erfreuen können. Dies wünsche ich Ihnen ebenso aufrichtig, als ich Ihnen in dem Urteil recht gebe, das Sie am Schluß Ihres Briefes fällen.

56.

Wartburg, 22. Mai 1865.

Zeilen Ihrer Hand bedurfte und bedarf es nicht erst, in mir Ihr Andenken frisch zu erhalten. Den Beweis kann ich durch die Tat führen: ich legte soeben den zweiten Band Ihres Romans beiseite, um Ihren Brief von dem 18. zu erbrechen. —

---

[1]) In Ostende hatte der Großherzog in den Monaten August und September die Kur gebraucht und war dort einige Zeit mit dem Ehepaar Lewald-Stahr zusammengewesen.

[2]) Es handelt sich um die Bearbeitung eines italienischen Dramas des Paolo Ferrari, den Stahrs in Mailand kennen gelernt hatten, für die deutsche Bühne.

Daß ich jetzt erst in dem zweiten Band bin, werden Sie mir nicht übelnehmen, denn ich will Ihr Werk durchlesen, nicht überlesen. Dieses selbst aber, Ihr Werk, fesselt und beschäftigt mich so sehr, daß ich nur Schritt für Schritt gehen kann, gehen will. Bis jetzt sagt es mir nur Wahres und zwar auf eine Art, daß es mir vorkommen könnte, als hörte ich wechselsweise bald einen Arzt, bald einen Beicht=vater sprechen.

An diese Eindrücke reihen sich seltsam passend die, von welchen Ihr Brief mir der Überbringer ist. Ihres Anteils an so manchem Kummer, den die letztverflossene Zeit für mich gehabt, denke ich noch aufrichtig; sehr richtig fassen Sie ihn, diesen Kummer, in den drei Ereignissen zusammen, die von Ihnen berührt werden. Vor wenig Stunden erst trennte ich mich von dem schwergeprüften Elternpaar[1]) und schreibe diese Zeilen noch tiefbewegt von dem Empfundenen, hoch oben auf meiner Terrasse, während fernhin Gewitter über das weite Land hinziehen und Blitze zucken über Gipfel und Tiefen, — ein Bild des Lebens! — Das Geschick Gutzkows[2]) hat etwas furchtbar Tragisches; Sie

[1]) Dem Kaiser und der Kaiserin von Rußland. Bezieht sich auf den am 12. April 1865 in Nizza erfolgten Tod des Großfürsten=Thronfolgers von Rußland.

[2]) Gutzkow hatte von 1861—1864 in Weimar gelebt als Sekretär der Schiller-Stiftung. Er machte 1865 einen Selbst=mordversuch, der aber nicht tödlich verlief, und verbrachte dann längere Zeit in einer Nervenheilanstalt. Gest. 16. Dezember 1878.

werden sich meine Empfindung denken können!
Vielleicht werden Sie dies nicht richtig vermögen
bezüglich des Abbés [1]). Als Dichterin haben Sie
vollkommen recht — vielleicht wenigstens —, den
Lebensabschluß in Rom passend, daher schön zu finden;
ich sage es selbst, weil ich wenigstens den dichte=
rischen Sinn tief empfinde und weiß, was Rom
empfinden läßt, aber dieses alles übertönt weit die
Klage um einen Abschluß eines solchen Wirkens,
was an so bedeutend Geleistetes so viel Ver=
sprechendes zu binden versprach und auch binden
konnte! Daß Sie und Professor Stahr, den ich
herzlich grüße, dorthin, nach Rom, sich begeben
wollen, freut mich sehr, denn es ist ein Glück für
Sie beide; ich freue mich dessen wie an der
Schilderung des Familienglückes, die Sie mir ent=
werfen. Gott erhalte es Ihnen beiden. — Von
Gf. Kalkreuth [2]) habe ich, Gottlob, befriedigende
Nachrichten, doch wird er noch langer Schonung be=
dürfen. Der Ägyptiolog [3]) soll mir bestens emp=
fohlen sein.

Ein Gewitterhauch zieht über das Blatt und
droht es mir zu entführen, lassen Sie mich eilend
es Ihnen senden in alter Erinnerung.

---

[1]) Lißt, seit 1861 in Rom, empfing hier in diesem Jahre
(1865) die kirchlichen Weihen als Weltgeistlicher.

[2]) Direktor der vom Großherzog in Weimar errichteten
Kunstschule.

[3]) Dr. Georg Ebers, damals in Jena habilitiert.

57.

Weimar, 23. Dez. 1866.

Sehr aufrichtig danke ich Ihnen für Ihren Brief aus Rom, datiert vom 23. v. M. Ihr Aufenthalt daselbst war mir ebenso unbekannt wie die Krankheit Ihres Gatten, so daß ich jetzt, wo ich beides zugleich erfahre, dreifach Ihnen beiden Glück wünschen kann, einmal daß Ihr Gatte genesen, sodann daß Sie die Angst um ihn durchkämpft haben, endlich daß Sie beide in Rom sich befinden. Immer betrachte ich es als ein besonderes Glück, wenn eine strebsame Seele sich in der Umgebung entfalten kann, welche auf sie von förderndem und zugleich von wohltuendem Einfluß ist. Sie nun genießen jetzt beide dies Glück, möge es denn Ihnen reich und ungetrübt blühen. Sie wünschen mir dort zu begegnen und verpflichten mich durch diese Liebenswürdigkeit zu derjenigen besonderen Erkenntlichkeit, die man da zollt, und zwar so gern, wo und weil man sich verstanden fühlt. Wie so gern folgte ich Ihrem Wunsch; jedoch wer regiert, dient. In dieser gewaltigen Zeit fühlt sich die Wahrheit dieses Axioms aber mehr als je, und so kann mein Geist allein Ihren Bitten folgen. Auch Sie indes sehen ein Blatt — und nicht das unbedeutendste der Weltgeschichte — vor Ihren Augen dort, in der ewigen Stadt, sich wenden [1]). Diese aber, die ewige

---

[1]) Die Krisis in der römischen Frage, welche durch die Räumung Roms durch die Franzosen und den Freischarenzug Garibaldis gegen Rom herbeigeführt wurde.

Roma, und vielleicht noch mehr ihre paſſendſte aller Umgebungen, die gräberdurchzogene, ſchweigſame Campagna, hat ſo Ungeheures erlebt, daß ſie, an das Außerordentlichſte gewöhnt, vom Leben er= müdet, wie das höchſte Greiſenalter von nichts mehr erſchüttert werden kann. So geben Sie denn nur meinen eignen Gefühlen Worte, wenn Sie den Blick hinab vom Pincio ſchildern, wie Ihre Feder es nur kann, und hiemit das lebhafte Bild be= enden, was Sie von den jetzigen römiſchen Zu= ſtänden entwerfen. Ich bin ſehr geſpannt, welches die Folgen derſelben ſein werden, und begrüße ahnend in dieſen eine neue und beſſere Zeit.

Mit großem Intereſſe auch las ich, was Sie über Liszt mir ſchreiben, deſſen Abweſenheit von hier mir ein fortwährender und immer neuer Kummer iſt. Sagen Sie es ihm nur; mir aber ſagen Sie, ob er in dem Hafen vor Anker liegt, wo man ſein Schiff verläßt, oder in dem, wo man zu neuer Fahrt es ausbeſſert. Bringe Ihre geübte Feder mir bald Worte der Erinnerung und Schilderung aus Rom — mit Sehen, Hören, Lernen wird man dort nie fertig.

58.

Weimar, 15. Februar 1867.

Die Nachricht der Herſtellung Ihres Gatten, die Sie mir ſelbſt durch Ihre Zeilen vom 6. d. M. bringen, iſt mir deshalb eine doppelt willkommene,

welches Ihnen dankend auszusprechen ich mich be=
eile. Sagen Sie Prof. Stahr, wie ich mich freute,
daß Gott Ihnen beiden hinweggeholfen hätte über
die schwere Krankheit und das Glück Sie beide ge=
nießen ließe, unter den sympathischen und wunder=
sam wirkenden Eindrücken Roms die Wiederkehr
der Lebenskraft zu empfinden.

Daß neben diesem ewigen Zauber dortiger Ein=
drücke die ewige Krankheit dortiger Mißstände
Ihren Geist umschleicht, wundert uns beide nicht,
da wir eben Rom kennen. Daß dort viel Boden
ist, der in moralischer wie physischer Hinsicht zu
bessern sei, ist auch mir Gewißheit; für die Mensch=
heit müssen wir diese Besserung auch wünschen, für
die Kunst schwerlich, weil ein zerfallenes Haus
malerischer ist als meist ein wohl und fest ge=
bautes. So ist die Campagna in ihrer Einsamkeit,
die so stolz die Ewige umgibt, als sagte sie, die
Campagna: „so Großes und vieles habe ich erlebt,
daß ich nichts mehr würdig finde, von mir erlebt
zu werden,“ die schönste, weil passendste Umgebung
für Rom, die ich auf dem Erdenrund für eine Stadt
kenne. Wie nun die Zukunft dieser letzteren, die
Zukunft Roms, sich gestalten werde, wer kann es
voraussagen?! Die Frage ist ja doch eine doppelte,
eine moralische und eine politische für die katholische
Welt. Vor allem sollte man sie sich selbst über=
lassen, denn sie scheint mir eine von denen, die
durch sich selbst am besten Lösung finden
dürften.

Ganz richtig hat man Ihnen den Herzog von
Sermoneta[1]) als den geistreichsten Mann der rö=
mischen Gesellschaft genannt. Man hätte Ihnen
auch ihn als den bedeutendsten — neben dem Kardi=
nal Antonelli — bezeichnen sollen. Eng befreundet
mit ihm seit Jahren und in fortwährendem Ver=
kehr kenne ich den Herzog sehr genau und liebe
und schätze ihn innig. Umsonst aber würde ich für
irgend jemanden bei ihm um den Schlüssel seiner
Wohnung bitten, denn seitdem Blindheit das viel=
geprüfte Leben des Herzogs fast zum Märtyrertum
steigerte, ist er vollkommen unzugänglich für die
Außenwelt geworden. Der Prinz von Teano, sein
Sohn, dessen geheimnisvolle Locke[2]) ich seit seiner
frühen Kindheit kenne, ist für Musik begeistert,
seine Schwester Donna Ersilia Gräfin Lovatelli
sehr begabt und sorgfältig gebildet. Sollten Sie
diesen beiden begegnen, so geben Sie ihnen meinen
Freundesgruß.

Ihre Äußerungen über Liszt sind mir sehr
merkwürdig und verbunden mit andern, die mir

---

[1]) Michelangelo Caëtani, Herzog von Sermoneta (geb.
1804, gest. 1882), ausgezeichneter Dante=Forscher, 1848 Polizei=
minister Pius' IX. Seit 1865 erblindet. — Seine Tochter
Ersilia (geb. 1840), verwitwete Gräfin Caëtani=Lovatelli, hat
sich als Schriftstellerin auf archäologischem Gebiete einen Namen
gemacht. Ihr Briefwechsel mit Ferdinand Gregorovius ist von
S. Münz, Berlin 1896, herausgegeben.

[2]) Ein Büschel weißen Stirnhaars über schwarzem
Haupthaar.

erst kürzlich ein langjähriger Bewohner Roms
brachte, lüften sie mir den Schleier etwas. Sie
schrieben mir einmal: „das Leben sei so wunderbar,
daß man gar nichts zu erfinden, sondern nur zu
zeigen habe, wie es sei," und Sie haben recht —
dies Leben, Liszts Leben, ist ein Beweis hiervon.

Ihr „Von Geschlecht zu Geschlecht" ist denn,
jenem Grundsatz gemäß, von Anfang bis zu Ende,
eine schöne Form für diese Wahrheit. Sie sind
in diesem Werk sich gleich geblieben vom ersten bis
zum letzten Federzug; vollkommene Natürlichkeit ist
die glückliche Färbung in Darstellung wie in Ent=
wicklung, und der beste Stil ehrt Ihre Feder. Dies
mein Urteil.

Sehr interessiert haben mich Ihre Nachrichten
über Storys[1] Tätigkeit. Würde er sich wohl ver=
stehen, mir Photographien seiner Werke zu senden?
Es ist seine Tendenz eine kühne, sie ist eine be=
rechtigte in jedem Fall, sie wird eine siegreiche,
wenn er nicht über das Realistische das Ideal
vergißt.

„Agrippina"[2] las ich noch nicht, weil ich über=
haupt mich fürchte, vielerlei zu lesen, eben weil ich
gern viel lese. Doch werde ich trachten, Stahrs
Werk einzuschalten in den sorgfältig gehegten Kreis
meiner geistigen Nahrungsquellen.

[1] W. W. Story (geb. 1819), in Rom lebend, ameri=
kanischer Bildhauer und Schriftsteller.

[2] Adolph Stahr, Bilder aus dem Altertum. Bd. IV.
Agrippina, die Mutter Neros.

Doch eine entschwindet mir für diesen Brief
— die Zeit. Lassen Sie mich noch den Rest der=
selben benutzen, Ihnen Glück und freudige Tätig=
keit wünschend.

59.

Weimar, 16. April 1867.

Sie sind in vollkommenem Irrtum begriffen,
meine gütige Korrespondentin, wenn Sie meinen
— wie dies in Ihrem Brief vom 5. d. M. zu
lesen ist —, daß ich „Sie schelten solle, wenn mir
der Brief zu lang vorkäme". Ich möchte Sie ob
dieses Wortes schelten, weil mir — das wissen Sie
längst — Ihr Geist wie seine Ausdrucksweise eine
sehr willkommene ist. Entnehmen Sie also mein
Urteil über jenen Brief, entnehmen Sie meinen
Dank für denselben. Er ist ein herzlicher nicht
nur für jenen Brief überhaupt, er ist es im
besonderen für Ihre große Güte, meine vielleicht
Sie sehr belästigenden Bitten wegen der Storyschen
Photographien so sehr, so bald, in so ausgedehntem
Maße besorgt zu haben. Ich erwarte nunmehr
die fliegenden Beweise dieses großen transatlantischen
Talentes mit Ungeduld, und werde Ihnen, wenn
Sie mir gestatten, jenes Albumblatt für den Bild=
hauer zustellen, sobald ich seine Photographien er=
halten. Jene Kleopatra, das einzige, was ich von
ihm kenne, ist mir immer im Geist geblieben als
etwas eigentümlich Geistvolles und unabhängig Be=

deutendes. Diese Schöpferkraft aber weiter kennen
zu lernen, muß mir also wertvoll sein. Ihre ein=
gehenden Bemerkungen erhöhen diesen Wert, denn
Sie verbinden Ihr Urteil mit den Werken. An
jenes fügt sich nun wohltuend Ihre Schilderung
des glücklich behaglichen und tätigen Zustandes der
Familie des Künstlers und seiner selbst, und sehr
recht haben Sie, daß Sie sich freuen, „daß so
etwas möglich sei". Der ewig wiederkehrende
Eindruck des Gegenteils — in Deutschland be=
sonders —, und wie kenne ich das Gegenteil durch
eigene Wahrnehmungen — ist der dunkle Hinter=
grund, auf dem Ihr Urteil sich abhebt.

Ich bedauere sehr, daß Unwohlsein Sie
beide in Italien fesseln wird, Ihren Gatten durch
eigenes Leiden, Sie durch seine Pflege — aber auch
nur deshalb, außerdem preise ich Sie beide glück=
lich. Mögen Sie beide das Glück genießen in
vollen Zügen und in Tätigkeit, ohne diese kann
ich mir kein Glück überhaupt denken. Daß diese
Tätigkeit eine möglichst harmonische werde, dafür
wird der Sinn beider Gatten sorgen, und so sehe
ich nur Vorteil für beide, wo die Ursache bedauer=
lich bleibt.

Ich wiederhole es, die Gesellschaft des Herzogs
von Sermoneta wird Ihnen beiden einen doppelten
Genuß gerade hierbei geben — ich meine bei einem
längeren Aufenthalte, weil man durch öfteren
längeren Verkehr mit diesem außerordentlichen
Manne erst die Tiefe seines Geistes erkennt und

die eigentümliche Schwungkraft desselben genießt.
Grüßen Sie ihn, bitte, von mir und fragen ihn,
weshalb meine bisher letzten Briefe an ihn und
Donna Ersilia Lovatelli, seine Tochter, bisher un=
beantwortet geblieben sind.

Ich möchte das Ausgießen der Inschrift auf
Goethes Grab[1]) selbst besorgen lassen. Vielleicht
sind Sie so gütig, Fräulein von Eichel[2]) in meinem
Namen zu bitten, dieses für meine Rechnung zu
besorgen. Ich bin öfter in Verkehr mit ihr, und
so fügt sich das neue Geschäft an manche frühere.

Ihre Meinung über das Papsttum teile ich
vollkommen, ich würde es auch, wäre ich ein
Katholik. Mir scheint die Frage der nötigen Un=
abhängigkeit des kirchlichen Oberhauptes nämlich
nicht von einer staatlichen Unabhängigkeit zu depen=
dieren, denn vor dieser war er jahrhundertelang
dennoch Oberhaupt. Daß aber in seinen Staaten
solche Zustände möglich sind, noch sind, wie Sie sie
schildern, ist der Hauptkrebsschaden der ganzen Frage
selbst, deren Existenz nicht durch sich selbst, sondern
vielmehr durch die Negationen der andren
Kabinette erhalten wird.

Ich werde abgerufen und schließe eiligst mit
den herzlichsten Grüßen meiner Frau und dem
Ausdruck meiner Ergebenheit.

---

[1]) Auf dem Grabe August von Goethes auf dem pro=
testantischen Friedhof bei der Pyramide des Cestius in Rom.

[2]) Fräulein von Gerstenberg, die mit einer Frau von
Eichel in Rom war.

60.

Ihnen meinen besten Dank für Ihre Zeilen
von dem 23. v. Mt. zu senden, ist eine meiner ersten
Beschäftigungen, seitdem wir aus den thüringischen
Bergen hierher zurückgekehrt sind. Mit meinem
Dank sende ich auch den Ausdruck meiner Freude,
daß die Gesundheit Ihres Gatten sich befestigt,
gestärkt hat, nachdem dieselbe mir manche Sorge
bereitete. Der Plan, den Winter am Genfer See
zuzubringen, verscheucht dieselbe nicht ganz, denn
ein Aufenthalt in solch einer Jahreszeit zu Rom
wäre entschieden wohltuender für den Geist in
jedem Fall und für den Körper wahrscheinlich, da
dieser nicht dem schädlichen Einfluß der feuchten
Nebel, die am See herrschen, ausgesetzt wäre.

den 21.

Der Brief ist durch die tausend Pflichten und
Notwendigkeiten unterbrochen worden, welche bei
Gelegenheit des Festes unsrer silbernen Hochzeit[1])
gebieterisch an mich herantraten. Nun ist es die
Dankbarkeit, welche mich die Feder zunächst wieder
ergreifen läßt, denn ich habe indes Ihren Brief
von dem 5. erhalten. Dies erklärt meine, unsre
Erkenntlichkeit, denn meine Frau verbindet sich mit

---

[1]) 8. Oktober 1867.

mir, Ihnen beiden unsern aufrichtigen Dank für
Ihre Glückwünsche auszusprechen. Nächst dem tief=
inneren zu Gott ist es der Dank für so viele Beweise
der Liebe und Anhänglichkeit nahe wie fernstehender
Personen, welcher uns bewegt, und der dieses Fest
für uns, und ich denke alle, die daran teilnahmen,
so schön und bedeutungsvoll gemacht hat. Endlich
erziehen uns alle diese erfreulichen Eindrücke zur
frohen Zuversicht, tätig fortzufahren auf dem ein=
mal betretenen Weg öffentlicher Wirksamkeit.

Ihren früheren Brief noch einmal öffnend, be=
gegne ich zunächst dem Eindruck, den Garibaldi
Ihnen gemacht hat[1]). Er entspricht dem Bilde,
das ich mir aus allen Urteilen gebildet habe und
das in der Hauptsache immer da hinausläuft, daß
er ein durchaus integrer Charakter ist. Sodann
bemerke ich das besondere Interesse, mit welchem
Sie der Entwicklung der Dinge in Italien folgen,
und gewiß mit Recht, denn — nunmehr auch in
religiöser Beziehung — gehört sie mit zu den merk=
würdigsten Ereignissen der Geschichte. Die Trag=
weite dieser Ereignisse ist unberechenbar. Ferner
begegne ich dem Namen Storys, dem ich glaubte

---

[1]) Die Briefschreiberin hatte während des Aufenthaltes
am Genfer See (in Glion über Montreux) Garibaldi, der an=
läßlich des Friedenskongresses in Genf in der Schweiz war,
im Hotel Byron in Chillon persönlich kennen gelernt. Em=
phatische Schilderung dieser Begegnung in einem Briefe Stahrs
an seinen Sohn Alwin bei L. Geiger, Aus Adolph Stahrs
Nachlaß, S. 294 ff.

schon gedankt zu haben. Indessen, um nicht irre zu gehen, bitte ich Sie um die Güte, mich bei ihm zu vertreten, wenngleich ich sofort an ihn mich richten will und ihm bei dieser Gelegenheit meine Handschrift sende. — Endlich treffe ich auf Ihren Wunsch, meine Photographie zu besitzen, worauf die Antwort beiliegt; sie ist — sagt man — die beste, in jedem Fall ist sie die neueste.

Zu dem Fund des Lessingschen Bildes gratuliere ich sehr[1]); für die so herzlichen und erfrischenden Worte, die ich für mich und mein Wirken in Ihrem neuesten Briefe finde, noch meinen besonderen, aufrichtigen und freudigen Dank.

61.

Koblenz, 17. Nov. 1867.

Empfangen Sie meinen aufrichtigen Dank für Ihren Brief wie für das Werk[2]), das beides mich vor meiner Abreise hierher erreichte. Längst wissen Sie, daß Sie mich zu den wahren Verehrern Ihres großen Talentes rechnen müssen; somit besitzen Sie das richtige Maß meiner Erkenntlichkeit, um so mehr Sie außerdem mich kennen.

Ergriffen haben mich Ihre Mitteilungen rücksichtlich des neuen Abschnittes, des italienischen,

---

[1]) Man hatte bei einem Trödler in Rom ein bis dahin unbekanntes Originalporträt Lessings gefunden und erworben.

[2]) Eine illustrierte westpreußische Dorfgeschichte von Fanny Lewald.

der welthiftorischen Epoche, die wir durchleben.
Einen Abschnitt nenne ich jene Episode, die jetzt
eben bei Tivoli geendet [1]), nicht aber einen Abschluß,
denn unaufhaltsam weiter zieht der mächtige Strom
der Zeit, und neu sieht man bereits den Phönix
der römischen Frage aus dem Pulverdampfe erstehen. Hätten Sie die revue des deux mondes
vom 1. Nov. d. J. noch nicht gesehen, so empfehle
ich aus derselben die revue de la quinzaine zunächst, den ersten Artikel, betitelt: L'Allemagne
depuis la guerre de 1866 sodann, als die wichtigsten, gelungensten, daher bedeutendsten Be-
leuchtungen der Vergangenheit wie Gegenwart.
Diese Größe in dieser Zeit hilft gewaltig über
vieles Kleinliche und Mühsame derselben hinweg
und läßt an eine glückbringende wie glückerhaltende
Zukunft glauben. Gott möge sie geben [2])!

[1]) Am 3. November 1867 war Garibaldi von den päpst-
lichen und französischen Truppen bei Mentana geschlagen und
hierauf von der italienischen Regierung verhaftet worden.

[2]) Am 27. November 1867 schreibt Stahr an seinen Sohn
Alwin aus Montreux: „In demselben Brief empfahl der
Großherzog Fanny und mir über die Entwicklung der deutschen
Dinge sowie über die italienische Tragödie vor der Katastrophe
von Mentana zwei Aufsätze in der Revue des deux Mondes
(vom 1. November 1867, p. 1—47 u. p. 203—262), der erstere
von Em. de Laveleye, der letztere von E. Forcade. Wir haben
uns diese Nummern verschafft und beide Aufsätze mit großer
Befriedigung und mit wahrhafter Bewunderung der von dem
Großherzoge dabei bewiesenen Einsicht und Selbstverleugnung
gelesen. Der Großherzog steht nicht an, seine Sympathie für
Italien auszudrücken. Er schreibt darüber in seinem Briefe an

Von Herzen wünsche ich Ihnen beiden warmes
Wetter und die Möglichkeit sympathischen geistigen
Lebens, ohne welches ersteres uns schwerlich helfen
kann.

62.

Weimar, Januar 1868.

Sie schrieben mir unter dem 3. Dezember einen
sehr inhaltreichen, sehr interessanten Brief, für den
ich Ihnen — wenn auch spät — meinen herzlichen
Dank ausspreche. Das Bewußtsein, daß die geistige,
religiöse Freiheit errungen und nicht mehr zu ver=
lieren ist, gehört mit zu den wohltuendsten Über=
zeugungen, die man, Gott Lob und Dank, in dieser
ernsten Zeit von einer Epoche in die andre hinüber=
nehmen kann. An dieses alles möge sich das

———

Fanny: „Ihre Mitteilungen . . . . . Pulverdampfe erstehen.“
Über die deutschen Veränderungen, die ihn doch selbst als
Fürsten so schwer in seinen angeborenen Empfindungen zu ver=
letzen geeignet sind, spricht er sich wahrhaft edel aus, indem
er die Größe und Folgenschwere derselben offen anerkennt:
„Diese Größe dieser Zeit, schreibt er, ... Zukunft (Deutsch=
lands) glauben.“ Wenn ein Mann, erzogen in allen Vor=
urteilen seines Standes als Souverän, dessen Selbstgefühl und
Eitelkeit ihren Vorteil hatten bei dem altbundestäglichen Stande
der Dinge in Deutschland, sich zu dieser Anerkennung erhebt,
wenn er unsereinem die Lektüre einer Schrift empfiehlt, in
welcher sein eigenes Land als ‚Weimar ce duché micro=
scopique‘ p. 7. R. d. d. M.) verspottet wird, so will das schon
etwas heißen.“ L. Geiger, Aus Adolph Stahrs Nachlaß,
S. 306, 307.

schließen, was Sie sehr richtig über die Folgen
der Vermischung mit nichtpreußischen Elementen
sagen. Die Konsolidierung ganz Deutschlands ist
entschieden die Zukunft des Vaterlandes, ebensosehr
wie der Ausdruck der Gesamtbedürfnisse desselben
in einem Parlamente die Arena finden würde.
Dabei freut es mich, daß Ihnen meine Zuversicht
willkommen ist.

An die Betrachtungen des Ganzen reihen Sie
diejenigen einzelnen Vorfälle und Zustände, die
höchst merkwürdig sind. So jene unerhörten Vorgänge zu Aachen[1]), von denen ich bedauere, daß
kein Zeitungsblatt sie in ihrem Umfange darlegte,
so jener italienische Brief, von dem Sie mir einen
Auszug geben, der, tief ergreifend, die neuesten Ereignisse in Italien schildert, von welchen noch so
viele Toren glauben, es wäre nun wieder alles
herrlich beim alten! — Nicht genug kann ich Ihnen
für all diese Mitteilungen danken, von denen ich
nur bedauere, daß nicht auch Sie den Genuß haben
können — so, wie ich ihn habe — dieselben durch
Ihre Feder geschildert zu bekommen.

Die Töchter Ihres Gatten, den ich herzlich
grüße, werden indes von den Konzerten berichtet
haben, in denen wir sie zu hören die Freude
hatten, und mein Konsul in Lille wird berichtet
haben, daß die Rettungsmedaille meine ihm

---

[1]) Demonstrationen der Geistlichkeit und der katholischen
Bevölkerung gegen naturwissenschaftliche Vorträge Carl Vogts.

wohlberechtigte wie wohlerworbene Anerkennung [1] brachte.

Ihnen und Ihrem Gatten aber bringe dies Blatt noch schließlich meine herzlichen und besten Wünsche bei Gelegenheit des Jahreswechsels. Sie wissen, wie gut dies meint Ihr C. A.

63.

Ohne Datum (März 1868).

Mit dem besonderen Interesse, welches sowohl der Autor als der Gegenstand verdient, habe ich den Artikel gelesen, den Ihr Gatte dem Interesse der Goetheschen Familie gewidmet hat [2]. Er ist hierbei von einem Gefühle der Gerechtigkeit geleitet worden, von dem ich aufrichtig wünsche, daß es den oft schwergeprüften Nachkommen des größten Dichters deutscher Nation zu Nutzen gereiche. Zur Ehre gereicht es Ihrem Gatten, jenen Artikel geschrieben zu haben. Sagen Sie es ihm, bitte, und lassen Sie mich Ihnen durch diese Anerkennung für Ihren letzten so sehr interessanten Brief aus Montreux vom Januar aufrichtig danken. Hoffentlich stärkt das rückkehrende Frühjahr die Gesundheit

---

[1] In Anlaß der Errettung eines sechsjährigen Kindes vom Tode durch Ertrinken, worüber französische Zeitungen anerkennend berichtet hatten.

[2] „Der Kommunismus und die deutschen Klassiker" in der Nationalzeitung. Es handelte sich darin um die Frage, wie lange nach dem Tode des Autors sein Werk vor Nachdruck geschützt sein solle.

Ihres Gatten und wird neue Früchte seines Geistes den früheren anreihen.

Die Schilderung des Aberglaubens, dem Sie begegnen mußten[1]), hat mich sehr unterhalten, ebensosehr durch den Eindruck, den Ihr Geist notwendig erhalten mußte, als durch die Sache selbst. Diese nun, richtiger gesagt der Aberglaube, scheint fast eine Art Notwendigkeit der menschlichen Natur zu sein, denn die seltensten erscheinen ganz frei von dem Nebel, und kein Klima, keine geographische Lage scheint hiervon zu retten.

Daneben schreitet das große Schauspiel dieser Zeit mächtig weiter, und immer gespannter werde ich auf des Rätsels Lösung. Ihre Mitteilungen waren mir daher aufs Neue ebenso wichtig als willkommen. Entnehmen und ermessen Sie aus dem Gesagten die Dankbarkeit   Ihres C. A.

64.

Friedrichshafen am Bodensee, 23. Sept. 1868.

Für den aus der Ferne unter dem Dache des Sohnes geschriebenen Brief lassen Sie mich ebenfalls aus der Ferne unter dem Dache meiner Verwandten aufrichtig danken. Erfreut bin ich, daß Sie mir gute Kunde von sich selbst, von dem Gatten bringen, und meine besten Wünsche eilen

---

[1]) In vornehmen russischen Gesellschaftskreisen in der Schweiz.

Ihnen beiden voraus in das lang verlassene heimat=
liche Haus, in welches Sie beide — wie Sie mir
schreiben — zurückzukehren beabsichtigen. Möge
der Winter in dem rauhen Klima nicht den Süden
Gewohnten schaden; nicht leicht entwöhnt sich der
Körper der milden schmeichelnden Lüfte ewig heiteren
Himmels.

Mit besonderer Befriedigung und Freude ver=
nehme ich, daß Ihr Sohn, mein Konsul, das
Glück genießt, unsren Landsleuten wahrhaft nützen
zu können. Daß er es immer gewollt — darüber
war ich nie im Zweifel —, allein wie oft findet
selbst der redlichste Wille nicht die richtige Arena!
Diese aber zu besitzen, ist für jeden strebenden
Geist ein wahres Glück; daß Sie selbst mir be=
stätigen können, daß Ihr Sohn dieses genießt, ist
mir eine wahre Freude.

Ich dagegen möge Ihnen eine durch die Ver=
sicherung bereiten, daß es Graf Kalkreuth, Gott
sei Dank, gut geht, nachdem er Anfang Sommers
recht leidend war. Er ist wieder in voller Tätig=
keit und pflegt treu fortwährend die Interessen
der ihm anvertrauten Kunstschule, an welcher
die Kräfte sich mehren und aus welcher die Be=
weise der Tüchtigkeit sich vervielfältigen. Er
selbst hat einige vorzügliche Gemälde geschaffen,
davon Sie sich selbst einmal überzeugen mögen.

Mit diesem Wunsche für Sie und Ihren
Gatten schließe ich, herzlich grüßend.

65.

Ohne Datum (Okt. 1868).

Herzlich danke ich Ihnen für Ihren Brief wie die ihn begleitenden neuesten Erzeugnisse Ihres Talentes[1]). Ihrem Wunsche gemäß liegen sie bereits auf meinem Lesetische; das Urteil, das ich, wie Sie wissen, bisher an manches Ihrer Werke, besonders an Ihre Biographie und an „Von Geschlecht zu Geschlecht" heftete, wird Ihnen ein Maß des besonderen Interesses sein, mit welchem ich auf Ihre neueste Gabe blicke.

Von Herzen wünsche ich Ihnen, daß Ihrem Gatten, den ich sehr grüße, die Rückkehr in die Heimat und namentlich ihr Klima, erstere wohl tue, letzteres nicht schade, denn man kann kaum glauben, daß einen den Süden Gewohnten der Norden erquicke, insofern es von dem Klima sich handelt[2]).

Ich wünsche und hoffe, daß meine letzte Antwort, die ich auf der Insel Mainau schrieb und nach Lille an meinen Konsul, Ihren Sohn, adressierte, glücklich in Ihre Hände gelangt ist. Zu dem noch Wünschenswerten in den Verhältnissen

---

[1]) Fanny Lewald, Erzählungen (1866—1868), darunter Prinzeß Aurora, Domeniko, Villa Riunione.

[2]) Die Abwesenheit Stahrs und seiner Gattin von Berlin (erst in Italien, dann am Genfer See in Glion und Montreur, später in Frankreich) hatte länger als zwei Jahre gedauert. Vor der Rückkehr nach Berlin weilten sie längere Zeit in der Familie des Sohnes Alwin Stahr in Lille.

unsres Vaterlandes gehören leider auch noch die
Postverbindungen.

Aufrichtig wünsche ich Sie bald einmal wieder=
zusehen, Sie wie Ihren Gatten.

66.

Weimar, 22. Februar 1869.

Seien Sie herzlichst gedankt für das Werk[1]),
welches mir zu senden Sie so gütig sind, wie für
die liebenswürdigen Zeilen, durch welche Sie jenes
begleiteten. Willkommen nenne ich mir den ferneren
Beweis Ihres Schaffens nicht minder als den Ihrer
und Ihres Gatten Tätigkeit, den Ihr Brief ent=
hält; denn Schaffen ist Beweis und Grundbedingung
geistigen wie leiblichen Wohlbefindens. Das Werk
Lanfreys[2]) ist mir noch unbekannt; es kennen zu
lernen wird mir nach Ihrer Bemerkung nunmehr
von um so größerem Interesse sein. In jedem
Fall ist es wohltuend, die Wahrnehmung des
wachsenden deutschen Nationalsinnes zu machen,
von dem Sie mir Beweise erzählen, an denen ich
mich mit Ihnen freue.

Auf den „Winter in Rom" bin ich ebenso ge=
spannt, als ich immer mit treuer Vorliebe an „Ein
Jahr in Italien" gedenke. Nicht minder freue ich
mich auf die Gedichte[3]). Grüßen Sie indessen,

---

[1]) Sommer und Winter am Genfersee. 1869.

[2]) Pierre Lanfrey, Histoire de Napoleon I. 1867 ff.

[3]) Eine Sammlung von Gedichten Stahrs aus jener Zeit.
„Ein Stück Leben." Berlin 1869.

bitte, den Autor, und empfangen Sie die Grüße, mit denen ich für Sie beauftragt bin.

67.

Weimar, 3. Februar 1870.

Ihr Brief vom 28. v. M. hat mir eine be=
sondere Freude gemacht, weil er mir beweist, daß es Ihnen beiden — Ihnen wie Ihrem Gatten, den ich herzlich grüße — gut geht. Ist dies an und für sich erfreulich, so wird es zum wohltuenden Gefühl, wo solche Kunde auf Persönlichkeiten sich bezieht, die vorzüglich geschätzt werden. Mit dieser Empfindung lassen Sie mich Ihnen für Ihre Zeilen herzlich danken.

Ich sehe Sie in der eigentümlichen Lage wie ein Arzt in Anspruch genommen zu werden [1]), nach= dem Sie sich bemühten, Ihren Nebenmenschen zu nützen, und wohl begreife ich, wie sehr diese Folge Ihres Bestrebens Sie ermüden muß. Noch mehr aber erkenne ich in derselben für Sie die Möglichkeit, sich durch das im Leben nicht oft zu begegnende Glück der Überzeugung über die Behelligungen zu erheben: wirklich nützen zu können, ja, genützt zu haben. Dabei blüht Ihnen, der scharf beobachtenden

[1]) In ihren Bestrebungen für die Frauenfrage. Im Jahre 1870 erschien in Berlin Fanny Lewalds Schrift „Für und wider die Frauen. Vierzehn Briefe". Diese Bestrebungen hatte sie schon früher in ihrer „Lebensgeschichte" (1861—1863) und in den „Osterbriefen für die Frauen", Berlin 1863, vertreten.

Schriftstellerin, noch ein unschätzbarer Vorteil: die wichtigsten psychologischen Studien machen zu können, wenngleich diese nicht ohne Monotonie bleiben dürften. Schreiben Sie mir doch bereits von dem immer wiederkehrenden Glauben der ratbedürftigen Frauenseelen, daß ein besonderes Arkanum — bei Ihnen am meisten — verborgen liegen müsse. — So ganz unrecht haben jene Seelen übrigens nicht, denn „arbeiten und nicht müde werden" ist in der Tat ein Wundermittel. Wir praktizieren denn dies beide, und ich freue mich, wenn Bekannte Ihnen dies von mir beweisen.

Daß, bei solchen Ansichten, Grundsätzen, solcher Tätigkeit, Ihnen die eben erschienenen Unterhaltungen Goethes und Müllers[1]) willkommen sein würden, war ich im voraus dermaßen überzeugt, daß — ich gestehe es — ich von Ihnen eine Äußerung in der Kürze erwartete, wie die ist, die mir Ihr Brief bringt. Jawohl: ein Erzieher und Anserbauer, dies ist Goethe und wird es bleiben für jeden Menschen, der wahrhaft leben will, also arbeiten, kämpfen und sich vervollkommnen. Wenn ich Ihnen sage, daß ich das Buch immer wieder zur Hand nehme, so werden Sie es mir glauben. Dabei finde ich gar nicht, daß die Beweise, daß auch er, Goethe, litt und schwer zu kämpfen hatte, das Wohltuende

---

[1]) Goethes Unterhaltungen mit dem Kanzler von Müller. Herausgegeben von C. A. H. Burkhardt. Stuttgart 1870. Zweite, stark vermehrte Auflage, Stuttgart 1898.

seines Beispiels störten; nur um so menschlicher fühlt man sich geleitet.

Sie sprachen mir von einer Novelle, die Sie zu Weihnachten schrieben [1]). Wenn ich Sie bitte, mir dieselbe zu senden, so vergibt dies Ihre Güte gewiß den Ihnen wohlbekannten Gesinnungen meiner Ergebenheit.

68.

31. März (Berlin 1870).

Kann ich Ihnen meine Aufwartung heute zwischen elf und zwölf Uhr machen? Die Stunde — ich gestehe es — ist zwar für einen Damenbesuch etwas früh, wäre sie es aber auch für alte gute Bekannte? Ich denke dies nicht, grüße Ihren Gatten und freue mich, Sie beide wiederzusehen.

69.

Weimar, 1. Mai 1870.

Soeben erhielt ich die doppelte Sendung, welche Sie wie Ihr Gatte mir zugedacht haben, und die beiden Autorenbriefe, von welchen jene begleitet sind [2]). So möge denn schon die Beflügelung meines Dankes Ihnen beiden ein Beweis sein, wie sehr mir dieser am Herzen liegt. Sie aber werden

---

[1]) Nella. Eine Weihnachtsgeschichte. Berlin 1870.

[2]) Die Sendung betraf Stahrs und Fanny Lewalds gemeinsames Werk „Ein Winter in Rom. 1870" und eine neue Ausgabe von Stahrs „Goethes Frauengestalten".

beide die Aufrichtigkeit meiner Erkenntlichkeit der
Freude glauben, die Sie an mir bemerken konnten,
als ich in der Matthäikirchstraße meinen Besuch ab=
stattete. Wenn ich Sie einmal beim Worte fasse
und an Ihrem Tisch erscheine, wie ich es an Ihrem
Schreibtisch tat, so haben Sie es selbst zu ver=
antworten und können dabei nicht wissen, ob mein
Magen Ihre Werke nicht so günstig rezensiert, als
dies von meinem Geist bisher geschehen. Bis dahin
wird indessen letzterer sich mit der geistigen Speise
begnügen, welche Sie beide mir reichen, und wird
in jedem Falle mehr Genuß von derselben haben,
als Sie von den Meistersingern erlebten. Was
letztere betrifft, so wünsche ich Ihnen wie dem
Werke, daß Sie es, wie ich es tat, etwa 7—9 mal
hören möchten. Dann würden Sie gewiß einen
Genuß erreichen, den die erste Aufführung bei
dieser Art Komposition eigentlich nie geben kann.

Ich bitte Sie, Ihrem Gatten für seinen Brief
noch besonders von mir zu danken, Ihre Schwester
von mir zu grüßen. Die Großherzogin grüßt Sie
und Ihren Gatten; ich wünsche Ihnen beiden Freude,
also Glück an Ihrem Schaffen.

70.

(Berlin) 17. Juni 1871 [1]).

Mit Freude und nicht ohne Rührung habe ich
Ihre Zeilen von gestern gelesen; um so herzlicher

---

[1]) Der 16. Juni war der Tag des Einzuges der aus dem
Kriege gegen Frankreich heimkehrenden Truppen in Berlin.

danke ich Ihnen für dieselben. Daß Sie meiner
gedenken würden in dieser gewaltigen Zeit, wußte
ich, weil ich's fühlte; daß Sie mir den Beweis
davon geben, tut meinem Herzen wohl.

Gottes Allmacht und Barmherzigkeit hat sich
so wunderbar an dem Vaterlande bewiesen, daß
man fast zu schwach sich fühlt, genug zu danken!

Ja, „vorwärts!" das rufe auch ich! Gebe uns
Gott die richtige Einsicht und Kraft, die große
Aufgabe vor der Geschichte zu erfüllen: das Reich
auszubauen und ihm richtig zu dienen. Ich habe
dazu sehr guten Mut, bitte Sie, Professor Stahr
von mir zu grüßen, und bleibe

Ihr dankbarer C. A.

71.

Weimar, 19. Februar 1873.

Mein herzlicher und lebhafter Dank antworte
Ihnen auf die Zeilen vom 9. d. M. und beweise
Ihnen die Freude, welche Sie mir durch dieselben
gemacht haben. Sie ist eine doppelte, denn ich sehe
Sie wie Ihren Gatten in Gesundheit und Tätig=
keit; so erfreue ich mich also dieser Gewißheit wie
des neuen Beweises Ihrer Gesinnungen für mich,
die ich von Herzen erwidere. Bringen Sie, ich
bitte darum, Prof. Stahr den Ausdruck des An=
teils derselben, der ihm gehört.

Daß Sie wie Ihr Gatte Weimar besuchten,
als ich abwesend von da war, beklage ich in mehr

als einer Hinsicht. Ich hätte nächst der Freude Ihrer Gesellschaft diejenige genossen, manches Projekt Ihnen beiden mitzuteilen, jenes z. B., das Kriegsdenkmal[1]) zwischen dem Monument Carl Augusts, das den Platz vor der Bibliothek und dem Ständehaus zieren soll, und dem Schloß zu errichten, indem die sehr häßlichen, in einer Art Karikatur griechischen Stils aufgeführten Bogenhallen etwas Besserem Raum zu geben haben. Lassen Sie das nächste Mal mir den Zeitpunkt Ihres Kommens wissen, daß ich nachhole, was Sie versäumt haben.

Sie geben in Ihrem Urteil über die Veröffentlichung Ludmilla Assings[2]) meinen eigensten Gefühlen Ausdruck. Diese Muse der Indiskretion läßt der Vermutung Raum, daß es ihr nicht um Verherrlichung derjenigen Persönlichkeiten zu tun

---

[1]) Das Kriegsdenkmal Robert Härtels, das demnächst seine Aufstellung auf dem Watzdorfplatz fand.

[2]) Ludmilla Assing, Briefwechsel und Tagebücher des Fürsten Pückler = Muskau. Hamburg 1873, schloß sich den früheren Veröffentlichungen Ludmilla Assings: "Briefe Alexander von Humboldts an Varnhagen von Ense". Leipzig 1860, und "Tagebücher Varnhagen von Enses". Leipzig 1861—1871, an. — In Briefen Alexander von Humboldts an Varnhagen waren auch Briefe des Großherzogs Carl Alexander unfreundlich glossiert worden. Der Großherzog schrieb ohne weitere Bemerkung auf das Buch: "Nachdem ich dieses Buch durchgelesen, habe ich es der Großherzoglichen Bibliothek geschenkt." — P. von Bojanowski, Großherzog Carl Alexander von Sachsen. Sonderabdruck aus der Beilage der "Münchener Allgemeinen Zeitung". München 1901. S. 11.

ist, deren Nachlaß sie veröffentlicht, sondern um das Gegenteil. Wenigstens wird man nicht behaupten können, daß Humboldt, daß Varnhagen, daß in jedem Falle Pückler höher in der öffentlichen Meinung gestiegen wären, seitdem die zarte Hand jener Publizistin die zurückgelassenen Papiere jener Männer veröffentlichte. Daß letzterer — Pückler — überhaupt auf den Gedanken kommen konnte, nach seinem Tode jene sonderbare Visitenkarte abzugeben, die er im Auftrage Frl. Assing überließ — wenn dies wahr ist —, ist ihm allerdings nicht unähnlich, doch gehört der Auftrag entschieden zu denen, welche man besser nicht erfüllt. Nun es geschehen, bleibt Ihnen wie mir nur übrig, zu beklagen, einen Geist in schlechtem und falschem Lichte sich zeigen zu sehen, den wir in gutem kannten und in wahrem genossen haben.

Sehr richtig beurteilen Sie die Frage, ob eine Biographie jener von uns beiden so gekannten wie erkannten liebenswürdigen Fr. v. G.[1]) versucht werden sollte. Ihr weiblicher wie Schriftstellertakt läßt es Ihnen mit Recht richtig erscheinen, davon abzusehen. — Die Indiskretion und der Realismus sind zwei wunderliche und charakteristische Zeichen der Gegenwart, und diese, verbunden mit dem

---

[1]) Frau Ottilie von Goethe, geb. von Pogwisch, August von Goethes Witwe, gestorben in Weimar am 26. Oktober 1872. Mit ihr hatten Fanny Lewald und Stahr während ihres römischen Aufenthaltes in den Jahren 1845 und 1846 in nahen Beziehungen gestanden.

Schmutz der Spekulation, verdienten auf Bühne
wie im Roman einen Geist zu finden, der sie geißelt,
wie ich mich freue, daß der letztere Schaden in
Ihrem Landtage aufgedeckt wird[1]).

72.

Weimar, 29. April 1873.

Sie haben sehr recht, Ihren Dichter-Zauber-
stab zu gebrauchen, uns Kinder und Diener der ge-
hetzten und hetzenden Gegenwart in eine Vergangenheit zu versetzen, wo man mehr sich selbst leben
konnte; rechter noch würden Sie haben, uns zu
lehren, wie wir unter obigen Umständen letzteres
uns bewahren. Denn auf dieses letztere kommt
es schließlich doch am meisten und allein an, um
das Leben zu beherrschen, um das Leben zu gewinnen. Sie fühlen, wie sehr ich Ihnen für Ihr
Werk[2]) danke, ehe ich es noch las, und wie gerade
Lieder Goethes[3]) mir willkommen sein werden;
seine Lebensweisheit ist das Rudersteuer in solch
zerrissener Zeit.

Daß Sie und Professor Stahr, den ich herzlich
grüße, einen ruhigen, stärkenden Aufenthalt dem

---

[1]) Durch die Laskerschen Enthüllungen über das Gründertum.

[2]) Den Roman „Die Erlöserin". 1873.

[3]) Kompositionen Goethescher Lieder von Katharina Baum.
Mit dieser jungen Komponistin, welche später durch Selbstmord
endete, waren Stahrs während ihres Aufenthaltes bei der befreundeten Familie von Hennig in Ostpreußen bekannt geworden.

Gegenteil, der Weltausstellung [1]), vorziehen, begreife
ich vollkommen. Meine besten Wünsche begleiten
Sie beide wie mich gewiß die Ihrigen, wenn ich
die schwere Arbeit mitten in dem zentrifugalen
Herrschen der Zeitgewalten fortsetze. Lassen Sie mich
hoffen, daß wir im Schatten thüringischer Wälder
hierüber weiter sprechen werden, und gedenken Sie
meiner in Freundschaft.

73.

Weimar, 3. Sept. 1873.

Um nicht meinen Dank für Ihre Glückwunsch
bringenden, willkommenen Zeilen zu lange, um ihn
nicht überhaupt schuldig zu bleiben, greife ich heute
schon zur Feder. Wenn die Herzlichkeit der Wünsche
die Vorbedingung ihrer Erfüllung ist, so kann ich
überzeugt sein, daß die Ihrigen wie die Ihres
Gatten — dem ich meine besten Grüße sende —
dem jungen Paare wie uns Glück bringen werden.
Mit diesem Ausdruck des Vertrauens lassen Sie
mich Ihnen beiden danken [2]).

Wenn ich nun mit wenigen Worten Ihnen
heute antworte, so werden Sie mir, der Umstände
wegen, gewiß gern verzeihen. Einmal in Ruhe,
lassen Sie uns dann auch — am liebsten münd=

---

[1]) In Wien.
[2]) Am 26. August 1873 hatte die Vermählung des Erb=
großherzogs Carl August mit der Prinzessin Pauline von
Sachsen=Weimar stattgefunden.

lich) — über Ihren Roman reden. Denn nicht flüchtig soll man mit einem Autor und kann und will ich mit Ihnen über ein Werk reden, das die Frucht des Denkens, Fühlens, Wollens ist. Sie werden gewiß dies recht finden.

Auf Wiedersehen also, so Gott will, und auf, selbstverständlich, Fortdauer wohl=, also fest= begründeter gegenseitiger Gesinnungen.

74.

Schloß Heinrichau bei Münsterberg,
29. Dezember 1873.

Ihr Brief von dem 21. hat mich in Weimar gesucht und heute morgen hier, hinter diesen alten Zisterziensermauern, tief in Schlesien, angetroffen. Es ging diesem Brief, wie es uns beiden — Ihnen wie mir — diesen Sommer erging: wir verfehlten uns. Ich suchte nach Ihnen und Ihrem Gatten in Baden, als ich zum 30. September hinkam, und erfuhr Ihre Abreise, und Sie hätten mich wahrscheinlich in Weimar zu sehen beabsichtigt, während ich in Eisenach weilte. Zum Glück, die Gedanken und Gesinnungen — und beides bleibt doch die Hauptsache — verfehlen sich nicht. Ihr eben erhaltener Brief beweist es. Meine Antwort wird diesem Beweis nicht widersprechen.

Bedürfen tun wir eben alle drei, denke ich, keines Beweises nach 25 jähriger Bekanntschaft, wie Sie es so gütig, gestatten Sie mir, zu sagen: so

freundschaftlich, hervorheben, und wie ich es, Sie
beide glauben es mir, herzlich erwidere. Um so
mehr habe ich denn auch den Eindruck begrüßt, den
die Briefe von und an Charlotte von Schiller[1])
Ihnen in der Charakteristik meiner Mutter wie
meiner Tante, der Prinzessin Caroline[2]), gaben.
Sie ist eine ganz richtige, wenn Sie die Einfach=
heit derselben hervorheben, schon weil das Erhabene
immer einfach ist. Diesem Eindruck würden Sie
auch immer, bei allen Handlungen beider eng=
befreundeten Frauen, bei jeder der zahlreichen
Spuren ihres wohltuenden Lebens begegnen. Was
dies Werk selbst betrifft, so ist es mir lange nicht
mehr zu Gesichte gekommen; allein gern will ich
es wieder hineinziehen in den Kreis meiner Lektüre,
in der fortwährend, weil grundsätzlich, diese Beispiel
fördernde und bildende Art der klassischen weimarischen
Epoche durch etwas vertreten ist — und vor allem
durch Goethe. Sollten Sie sich übrigens für die
so anziehende Persönlichkeit meiner Tante besonders

---

[1]) „Charlotte von Schiller und ihre Freunde. Heraus=
gegeben von Ludwig Urlichs. Stuttgart 1860—1865." Der
Briefwechsel mit der Prinzessin Caroline befindet sich Bd. I,
S. 535—710.

[2]) Prinzessin Caroline Luise, geb. 18. Juli 1786, Tochter
Carl Augusts, die spätere, am 20. Januar 1816 jung verstorbene
Erbprinzessin von Mecklenburg=Schwerin. Unter dem Titel
„Eine Weimarische Prinzessin" hat Stahr ein Lebensbild der
Prinzessin Caroline gegeben. Adolph Stahr, Aus dem
alten Weimar. Berlin 1875. S. 17 ff. Die Prinzessin Caro=
line war die Mutter der Herzogin Helene von Orleans.

interessieren, so wird sie sich Ihnen vorzüglich noch aus dem Briefwechsel ihrer Erzieherin mit ihrem Bruder (Briefwechsel Knebels mit seiner Schwester) [1]) entwickeln, der trotz des Unbedeutenden, was er enthält, doch zu lesen der Mühe wert ist, wäre es auch nur, weil er jenes Bild entsteigen läßt. Damals allerdings war man einfacher als jetzt — die erhaltenen Sanktuarien Goethes, Schillers wie der Herzogin Amalie beweisen dies genügend [2]). Dürfte man diesen Beweis auch dafür gelten lassen, daß man damals Größeres auf dem Gebiete des Geistes wirkte, weil man auf dem des Körpers sich nicht, wie jetzt, mit so viel Nebensachen schleppte, so würden Sie noch mehr recht haben, als Sie in diesem Kapitel „Luxus" beanspruchen können. Doch in der Tat, Sie bedürfen dieses „Mehr" kaum, denn die Faktas sprechen für Ihre Ansicht. Wie Sie, habe ich denn auch die „Krache" in Wien und Berlin keineswegs als ein Unglück betrachtet; wir wollen nur wünschen und sorgen, daß die Lehre, die eine gütige Gottheit uns gibt, richtig benutzt werde, und Berlin hat hierin vor allem das Beispiel zu geben.

Noch sah ich nicht vollendet das Siegesdenkmal—

---

[1]) Dünzer, Aus Knebels Briefwechsel mit seiner Schwester Henriette. Jena 1858.

[2]) Wie Goethes und Schillers Wohnräume in den von ihnen in Weimar bewohnten Häusern, sind auch diejenigen der Herzogin Anna Amalie im sog. Wittumspalais in Weimar und im Schloß zu Tiefurt unverändert erhalten geblieben.

im vorigen März war es noch weit zurück. Ein Volksdenkmal dem Volke deutlich zu machen, ist allerdings für ein Gouvernement Pflicht, für die Kunst eine würdige Sorge. Die Photographien und Abbildungen, an die allein mein Urteil bisher sich halten konnte, ließen mir die Säulenbasis zu durchlüftet, zu leicht für das Ganze, die Viktoria sehr groß erscheinen. Doch wie ganz anders vielleicht erscheint es mir in Wirklichkeit. Letztere aber wird mir die angenehmste sein, wenn sie mich wieder in Ihre Gesellschaft zurückbringt und in die Professor Stahrs.

75.

Wilhelmsthal, 21. Aug. 1874.

Ich habe Ihren Roman Benedikt[1]) gelesen, meine gütige Korrespondentin, mithin bin ich Ihnen Dank schuldig, und diesen schuldet man da, wo man Freude empfängt. Sie aber haben diese mir gegeben und das in reichem Maße. Die Wahrheit und Schärfe, mit der Sie die Charaktere zeichnen und naturgemäß entwickeln, macht den Eindruck, als ob Arzt und Beichtvater zusammen die Feder geführt hätten. Ich sage dies hauptsächlich in bezug auf die beiden Hauptpersonen: Jakobäa und deren Sohn. Dabei ist der Roman abgerundet, die Ent= wicklung wie eine Schraube — vergeben Sie mir den Vergleich — von zwingender Gewalt, so daß

---

[1]) Benedikt. Berlin 1874.

das eine und nichts andres aus dem Vorher=
gehenden sich entwickeln kann wie muß. Vortrefflich
ist der Stil. Ich wünsche Ihnen Glück zu diesem
Werk.

Und nun sagen Sie mir, bitte, wie es Ihrem
Gatten geht? Das Interesse, das herzliche, das ich
an ihm nehme, ist der beste Gruß, den ich ihm
senden kann. Auf hoffentlich baldiges Wiedersehen.

76.

Wilhelmsthal, 15. Sept. 1874.

Endlich ist es mir möglich, Ihnen die In=
lage[1] zurückzusenden. Eine durch Pflichten mir
aufgenötigte, in der letzten Zeit ununterbrochene
Zentrifugalität zwang mich, so lange mit diesen
Blättern zu warten. Ich bitte, dieselben Ihrem
Gatten mit meinem herzlichen Danke zurückzustellen.
Daß ich das mir Anvertraute mit Interesse gelesen,
bedarf keiner Versicherung, das Urteil über Fr. von
Stein wohl aber einer Berichtigung. Aus Gründen,
die ich besser mündlich als schriftlich angeben kann,
bleibt mir nämlich kein Zweifel darüber übrig, daß

---

[1] Feuilletonartikel Stahrs in der „Nationalzeitung" über
Frau von Stein. Als besondere Abhandlung in Adolph
Stahrs „Aus dem alten Weimar". Berlin 1875. S. 98 ff. —
Die Beurteilung des Verhältnisses zwischen Goethe und Frau
von Stein von seiten des Großherzogs deckt sich — im Gegensatz
zu der Stahrschen Auffassung — auch mit derjenigen Erich
Schmidts in den „Charakteristiken". Berlin 1886. S. 303 ff.
Erich Schmidt beruft sich auch auf das Urteil Schillers.

Fr. von Stein Goethen sich nie als Geliebte voll=
ständig hingegeben hat. Weil eben sie dies nicht
getan, glaubte sie ein Recht zu haben, den Rück=
kehrenden so hart zu beurteilen, dem man es end=
lich doch nicht übelnehmen konnte, daß er des pla=
tonischen Verhältnisses müde war. Wenn man aus
Briefen einen Menschen beurteilen kann, so habe
ich nie Fr. von Stein aus den zahlreichen un=
gedruckten Briefen, die ich von ihr gelesen, als eine
bedeutende Persönlichkeit zu erkennen vermocht, nie
aber habe ich von den vielen Menschen, welche mir
von Fr. von Stein erzählten, je eine Bestätigung
jenes Gerüchtes gehört, demzufolge sie sich gänzlich
ihrem berühmten Freund hingegeben hätte; im
Gegenteil ist dies immer bestimmt geleugnet worden.

Von Herzen wünsche ich, daß die Besserung
in dem Zustande Ihres Gatten angehalten, daß er
jetzt vollständig hergestellt ist.

77.

Weimar, 30. Nov. 1874.

Ihr Brief vom 19. d. M. hat mich ebenso er=
freut als — ich gestehe es — gerührt. Da ich Sie
als wahr kenne, so werden Sie aus meinem Be=
kenntnis entnehmen, wie recht ich habe, so zu emp=
finden, wie ich es tue, und mit dieser Empfindung
Ihnen zu danken, wie ich es fühle.

Gottlob, daß Sie wieder wohl sind und in
diesem Gefühl jenen Brief schreiben konnten. So

willensstarke Naturen von einem Leiden beherrscht
zu wissen, hat immer etwas sehr Beängstigendes
für den, welcher einen Charakter, eine Natur wie
bei Ihnen kennt. Pflegen Sie sich ja gewissenhaft,
also ponderierend, damit Sie sich gesund erhalten
und jung an Geist. Kein Mensch meines Wissens
hat beides besser verstanden und mehr bewiesen als
Goethe. Sie erwähnen ihn mit Recht als Ihr
Vorbild in der Kunst, sich zu erziehen wie sich zu
bilden. Da ich in ihm ebenfalls mein immer
neues Vorbild suche und meine Hilfe finde, lassen
Sie mich Sie in seinem Andenken beschwören.
Deshalb ist mir auch das Bild als höchst willkommen
erschienen, das Sie von Ihrer Tätigkeit wie von
den Früchten derselben mir entworfen. Möge der
Himmel Ihnen beides bis zum letzten Augenblicke
vollauf genießen lassen. Mich durch eigenen An=
blick an beidem zu erfreuen, soll mir eine rechte
Freude sein, und ich hoffe, daß noch dieser Winter
mir diese vergönnen wird. Dann werde ich auch
mündlich über die immer größere Kreise ziehende
hiesige Tätigkeit berichten können, von denen unser
Museum nur einen Teil bildet und bald die beiden
Monumente Teile bilden dürften, von denen das
Carl Augusts für den Guß eben fertig geworden,
das andre, „für den Krieg", noch im Entwerfen
ist. Ihre Aussagen führen auf eine Gruppe,
welche neben einem sterbenden Krieger einen mit
der Fahne Fortschreitenden darstellt. Auch Prof.
Stahrs Meinung hob diese Gruppe hervor. Lassen

Sie zu größerer Verständigung mich Ihnen die Photographien beider Modelle senden, und ich bitte Sie, wenn Sie dieselben beurteilt, mit Ihrem Urteil zurückzusenden.

Inzwischen sage ich Ihnen Lebewohl, um nicht zwischen Wollen und Können die schlimmste der Unordnungen, die der Zeit, eintreten zu lassen. — Ich wiederhole Ihnen in Herzlichkeit Dank wie Ergebenheit.

7.

Weimar, 6. Januar 1875.

Um Sie nicht länger auf meinen Dank warten zu lassen, meine wie immer gütige Korrespondentin, ergreife ich heute die Feder, wenn auch nur zu flüchtigen Zeilen, denn nur an solche darf ich denken, gedrängt, wie ich eben bin von Pflichten, von Rück= sichten in diesen Tagen. Mein Dank aber verlangt das Gegenteil von jeder Flüchtigkeit, denn er ist ein herzlicher; er ist aber auch zugleich ein solcher, welcher den weitumfassenden Gegenstand[1] eingehend behandeln möchte, den Sie erklären. Ich muß dieses „Behandeln" indes auf später verschieben, besonders weil ich zunächst zu sehen habe, inwie= weit sich das Projekt, was ich nunmehr „unser" nennen darf, bewerkstelligen läßt. Der Anfang ist gemacht, denn eine Lehrerin ist bereits an der Bürgerschule in Apolda neben Lehrern tätig; andre

---

[1] Anregungen auf dem Gebiete der Frauenfrage.

werden gesucht. Die Wichtigkeit der Sache aber
bedingt Umsicht und Vorsicht, um so mehr die Eigen=
tümlichkeiten der thüringischen Volksstämme immer
zunächst bei Einführung von Neuerungen zu be=
rücksichtigen sind; dies aber verlangt immer Vor=
sicht und Zeit. Ihr Brief soll mir indes als
neues Samenkorn dienen auf hoffentlich fruchtbarem
Boden.

Die Saat, die Ihr Gatte indessen auf einem
andern Felde geerntet, ist zu schöner Frucht gereift.
Der Beweis davon, in der Form auch jener Rede,
war mir sehr willkommen, und herzlich danke ich
Ihnen für die Übersendung.

An Ernte Hoffnungen und Wünsche zu knüpfen,
ist immer natürlich und dem Herzen immer er=
freulich. Entnehmen Sie denn aus dem Gesagten
den reichen Anteil herzlicher Wünsche, der Ihnen,
der Ihrem Gatten gebührt, danken Sie seinem
Sohne nicht minder herzlich in meinem Namen,
und lassen Sie uns alle ein baldiges, so Gott will,
frohes Wiedersehen erhoffen.

79.

Wilhelmsthal, 22. Juli 1875.

Endlich sende ich Ihnen die mir geliehenen
Blätter, endlich Ihrem Gatten die ihm gehörende
kleine Schrift zurück und beides mit herzlichem Dank[1].

---

[1] Im Sommer 1875 waren Stahr und seine Gattin
einige Tage in Weimar gewesen und wohnten dort im „Russischen

Dasjenige, das man zu sagen hat, in so gefälliger Form ausdrücken, wie es der Verfasser des „europäischen Fünfstromlandes"[1] zu tun weiß, ist eine anerkennenswerte Tatsache; dasjenige, das irgendein Mensch oder irgendeine Genossenschaft zu lernen hat, ihr oder ihm so nahe und auf so originellem Wege zu bringen, wie es der lustige militärische Autor[2] getan, verdient nicht minder lobend hervorgehoben zu werden. Und so ziehe ich eine Verbindung zwischen den beiden Erzeugnissen, die doch sonst entschieden nichts miteinander zu tun haben, und deren Autoren wahrscheinlich über meine Verbindung sehr erstaunt sein würden, erführen Sie dieselbe. In e i n e r Sache müßten sie mir aber beistimmen: daß ich doppelt zu danken habe, was ich hiermit tue, indem ich meinen Wunsch für das Gelingen der Kur wiederhole.

80.

Schloß Heinrichau, 17. Okt. 1875.

Nicht richtiger meine ich Ihnen für Ihren soeben hier empfangenen Brief vom 14. d. M.

Hofe", wo der Großherzog sie aufgesucht hatte. Von Weimar begaben sie sich zur Kur nach Liebenstein, wo sie wiederum mit dem Großherzog zusammentrafen.

[1] Udo Brachvogel, in N. York Litt. Journal 1875. Fanny Lewald hatte dem Großherzog den Aufsatz zum Lesen mitgegeben, als er sie in Bad Liebenstein besuchte.

[2] Hauptmann W. Amann in Berlin. Es handelte sich um ein satirisches Gedicht „Das Reichsheer auf mobilem Fuß, vorgeführt von Pegasus".

danken zu können als durch die Versicherung, daß
mich Ihre und Ihres Gatten Glückwünsche[1]) mitten
heraus aus Ihren Prüfungen und Kümmernissen
tief rühren. Sie nennen „das Menschliche" die
Kette, die uns verbindet, so werden Sie um so
mehr, um so besser gerade empfinden, wie herzlich
meine Erwiderung ist. — Was Sie mir über die
notwendige Trennung sagen, ich sage, ich wieder=
hole es mir täglich, damit ich rüste die Kampagne
— gestatten Sie dem Soldaten den militärischen
Ausdruck! — siegreich in mir zu durchkämpfen, die
mir bevorsteht, und die bereits begonnen. Dabei
hilft mir die Überzeugung, die stets wachsende,
daß die Wahl meiner Tochter auf einen der aus=
gezeichnetsten Fürsten wie Staatsmänner Teutsch=
lands gefallen ist.

Doch von Ihnen allein möchte ich reden. Zu=
nächst lassen Sie mich Glück wünschen, Ihren
Gatten nicht schlimmeren Zustandes nach Haus
zurückgebracht zu haben, als er zuletzt war. Das
ist ein bedeutender Schritt vorwärts. Sodann lassen
Sie mich an die Elektrizität erinnern, welche so
wunderbar stärkenden Einfluß auf Nervenschwache
geäußert, daß ich selbst vollständig Deprimierte nach
wenig Wochen zu voller Gesundheit zurückkommen
sah. Endlich lassen Sie mich fragen, womit ich

---

[1]) Zu Anlaß der Verlobung der ältesten Tochter des
Großherzogs Prinzessin Marie mit dem Prinzen Heinrich VII.
von Reuß=Schleiz=Köstritz, dem vieljährigen deutschen Botschafter
in St. Petersburg, Konstantinopel und Wien.

Ihren Gatten zu jenem 22. d. M. [1] erfreuen könnte, dessen Bedeutung Sie mir mitteilen, eine Frage, die um so natürlicher ist, als die meisten Freuden relativer Natur sind. — Und hieran reihe sich endlich noch die Frage, ob er bereits die eben erschienenen Tagebücher Goethes gelesen, die bei Gelegenheit der Enthüllung des Monuments meines Großvaters veröffentlicht wurden. Ihre Bedeutung ließ mich das Original, ich glaube, schon zweimal lesen. Hierüber antworten Sie mir, bitte, eilig hierher [2].

Indessen möge Gott Sie und Ihren Gatten stärken mit dem Trost und der Kraft, die nur bei Ihm ist und sich an dem beweist — am meisten —, der in der Not Ihn anruft.

81.

Schloß Allstedt, 14. Nov. 1875.

Um Sie, meine liebenswürdige und gütige Geberin wie Gönnerin, nicht noch länger auf den Ausdruck meines Dankes warten zu lassen, schreibe ich heute, also ehe noch ich Ihr Werk [3] lesen konnte,

[1] Der 22. Oktober 1875 war Stahrs 70. Geburtstag.
[2] In „Vor hundert Jahren. Mitteilungen über Weimar, Goethe und Corona Schröter aus den Tagen der Genieperiode. Festgabe zur Säkularfeier von Goethes Eintritt in Weimar (7. November 1775) von Robert Keil. Weimar 1875." Erster Teil: Goethes Tagebuch aus den Jahren 1776—1782. Mitgeteilt von Robert Keil.
[3] „Benvenuto 1875", eine italienische Künstlergeschichte.

die erste freie Morgenstunde benutzend, die mir in
dieser geschicht= und sagenumkreisten Kaiserpfalz
wird. Sobald ich mehr in Ruhe, d. h. in einem
geregelten Leben bin, werde ich Ihre Bände lesen,
die ich indessen willkommen heiße.

Willkommener noch war mir die durch Sie ge=
brachte Kunde von dem anhaltenden besseren Be=
finden Ihres armen Gatten. Möge Gott ihn
recht bald die Gesundheit vollständig wiederfinden
lassen!

Ihrer Ansicht betreffs der Ungerechtigkeit und
daher Unrechtmäßigkeit der Veröffentlichung jener
Tagebücher Goethes, seinen Erben gegenüber, pflichte
ich vollkommen bei. Es ist in der Tat arg, daß
in Deutschland, inmitten dieser nach Bildung und
Gesetzmäßigkeit ringenden Zeit, solche Handlungen
vorkommen können!

Doch nichts weiter für heute als der ernente
Ausdruck alter, Ihnen wohlbekannter Gesinnungen.

82.

Weimar, 11. Februar 1876.

Vor allem lassen Sie mich Ihnen Glück
wünschen, daß Gott die Gesundheit Ihres Gatten
soweit wiederhergestellt hat, daß Sie wieder auf=
atmen können nach langer Sorge und wieder hoffen
dürfen. Sagen Sie Ihrem Gatten, daß ich mich mit
ihm, mit Ihnen freue, und dies herzlich, und daß
ich überzeugt bin, Gott werde auch ferner helfen.

Und nun will ich Ihnen für Ihren Brief und den teilnehmenden Glückwunsch[1]) danken, den er mir brachte. Man muß die Kinder für diese, nicht für sich lieben. Diese Pflicht praktisch in das Leben nunmehr mehr als bis dahin einzufügen, ist unsre tägliche Aufgabe. Die Überzeugung des Glückes unsrer Kinder wird uns hierbei behilflich sein.

Ihr Urteil über das N.-Museum[2]) ist nur die Wiederholung desjenigen, das ich immer gefällt, namentlich, nachdem ich es auch im Innern gesehen. Man sucht vergebens nach einem Zusammenhang mit den übrigen Gebäuden, vergebens nach einer Verbindung mit dem eigentlichen Zweck. Dieses Gebäude und das Siegesdenkmal sind wunderliche Schöpfungen; wie man es nicht machen soll, ist auch lehrreich zu sehen.

Ich ende noch sehr ermüdet von den eben verrauschten bewegten und bewegenden Tagen mit den besten Wünschen für Ihren Gatten und für Sie.

83.

Berlin, 23. März (1876).

Umsonst habe ich gestrebt, Ihnen, wie es mir so sehr am Herzen lag, meinen Besuch zu machen. Ich bin von Geschäften und Pflichten während diesem kurzen Aufenthalt dermaßen überhäuft gewesen, daß ich zuletzt fast zusammenbrach. Vergeben

---

[1]) Zur Vermählung der Prinzessin Marie (6. Febr. 1876.
[2]) Das Gebäude der Nationalgalerie in Berlin.

Sie mir, bitte, daß ich diesesmal nur schriftlich
in der Mathäikirchstraße erscheine und anfrage: ob
die nächstens bevorstehenden „Faust"-Vorstellungen
Sie nicht wieder nach Weimar führen werden?
Wie sehr mein Egoismus in dieser Frage steckt,
werden Sie wissen, weil Sie ihn herausfinden werden.

84.

Schloß Wartburg, 5. Mai 1876.

Aus der Seele — recht aus der Seele haben
Sie mir in dem Briefe gesprochen, der vor ein
paar Stunden, heute morgen, mich hier oben er=
reichte. Eine freie Stunde benutze ich sofort, Ihnen
durch jene Worte zu danken. Dankt es sich doch
am besten durch Übereinstimmung. Überein stimmen
wir aber über Goethen, und daß wir es tun, be=
weist aufs neue die vortreffliche Kritik, welche die
letzte Seite Ihres Briefes über unsern größten
Dichter und Lebensphilosophen enthält. Daß er
auch letzteres ist, lehrt das Leben jedem Menschen,
der dem Werte des Lebens gemäß zu leben strebt.
Ich begreife, daß man für Schiller schwärmt, zu
leben begreife ich nur mit Goethe. In dieser Epoche
gerade, selbst noch in dieser Nacht, auf einsamem
Pirschhause im Walde, bin ich von dieser Wahr=
heit mehr denn je durchdrungen, indem ich den
„Faust" einmal wieder ganz durchlese, um mich
auf die Vorstellungen vorzubereiten. Zu der General=
probe des zweiten Teiles eile ich in einer Stunde

nach Weimar zurück; nach der Generalprobe des
ersten Teiles kam ich hierher und fühlte mich er=
griffen von den Eindrücken wie noch nie von einem
theatralischen Ereignis. Ob viele andre Zuhörer
es sein werden, ob der gewagte Versuch, sich wieder=
holend, über andre Bühnen schreiten und zu dem
höchsten Zweck, zu der Bildung der Menschheit, bei=
tragen wird — es ist möglich, doch ich will nicht
prophezeien, da ich es nicht kann. Mächtig und
aus dem Gewohnten hinaus wirkend wird dies
Unternehmen aber sein. Die Musik ist dabei sehr
harmonisch und passend. Sie ist — gestatten Sie
mir den Ausdruck — sehr adjectif gehalten, und
dies ist richtig[1]). — Das Zurückgreifen zu der
Vergangenheit für die Bühne ist zum Teil ein
Armutszeugnis für die Gegenwart. In Weimar
geschieht es, weil wir in dieser ganzen Theatersaison
das Ankunftsjubiläum Goethes noch feiern[2]). Des=
halb werden alle Stücke Goethes, auch die „Faust"=
Vorstellungen, nochmals wiederholt. Könnten Sie
mit Ihrem Gatten zu Pfingsten kommen, so würden
Sie die ganze Reihenfolge sehen, die sehr merk=
würdig ist. — Die Humboldtsche Korrespondenz[3])
habe ich nur zu lesen begonnen. Ich kann diese

---

[1]) Von Eduard Lassen, einem der bedeutendsten Jünger
Lißzts, noch lange dem hervorragenden Vertreter der Lißztschen
Traditionen in Weimar. Gestorben 15. Januar 1904.

[2]) Goethes Ankunft in Weimar 7. November 1775.

[3]) Goethes Briefwechsel mit den Brüdern von Humboldt
(1795—1832). Herausgegeben von J. J. Pratanek. Leipzig 1876.

nur sehr langsam lesen und bin plötzlich durch un=
abweisliche Angelegenheiten in andre Kreise gezogen
worden. Ich habe aber eine immer wachsende
Furcht, zu viel Vielerlei auf einmal vorzunehmen.
Mein Gruß an Professor Stahr besteht in den herz=
lichen Wünschen zu seiner baldigen Wiederherstellung.
Dazu sollten Sie sich nach dem Süden zu gehen
entscheiden, wenigstens südlich. Gott sei mit Ihnen!

85.

Weimar, 14. Juni 1876.

Daß Sie und Ihr Gatte wie Ihre Familie
an dem großen Glück, das Gott uns geschenkt[1]),
herzlichen Anteil nehmen würden, war ich im vor=
aus überzeugt. Um so mehr erfreuten mich die
Beweise, daß ich richtig empfunden, zuerst durch
das Telegramm des Sohnes, nunmehr durch den
Brief der beiden Eltern. Entnehmen Sie aus
diesem Blatt den Ausdruck meines herzlichen Dankes,
dem ich den meiner Familie anreihe. Sie beide
kennzeichnen so richtig meine Empfindungen und
Gedanken, daß ich nichts hinzuzufügen habe als
eben die Versicherung, daß Sie ganz recht haben
in dem, was Sie mir schreiben. Und so bleibt mir
auch nur mit Ihnen zu wünschen übrig, daß der
Allmächtige, der so viel Gnade uns erwiesen, das
geliebte Kind erhalten möge zu seinem Preis und

---

[1]) Am 10. Juni 1876 war der gegenwärtig regierende
Großherzog Wilhelm Ernst geboren worden.

zu des Landes, des Hauses, des Vaterlandes Besten. Gottlob geht alles bis jetzt gut.

Daß Sie beide mir in bezug auf die Gesund=heit Ihres Gatten sorgenfreier schreiben, ist mir eine besondere Freude; eine recht willkommene aber nenne ich die Hoffnung, Sie, so Gott will, beide bald wiederzusehen, denn aller Wahrscheinlichkeit nach nimmt uns Wilhelmsthal bald auf unter seine grünen Schatten [1]).

Ihnen und Ihrem Gatten, dessen kleiner Uhlandscher Vers mich anheimelte wie fröhlicher Lerchenschlag, alles Gute wünschend,

Ihr dankbarer C A.

86.

Weimar, 5. Januar 1877.

Ganz recht haben Sie, sich auf Ihre eigene Überzeugung in bezug auf mich zu stützen. Mit dieser, durch diese Versicherung danke ich Ihnen für Ihre glückwünschenden, vertrauensvollen Zeilen von dem 29. Dezember v. J. Ich glaube, daß diese mir Glück bringen werden, denn ich glaube an die Kraft herzlicher Gesinnungen. Glauben Sie auch den meinen, wenn ich Ihnen wünsche, daß Gott in seiner Gnade Sie erleuchten möge, seine Prüfung einzuflechten in die fernere Lebensaufgabe [2]).

[1]) Stahrs waren im Sommer 1876 wiederum in Bad Liebenstein.

[2]) Stahr war am 3. Oktober 1876 in Wiesbaden gestorben. Aus dem Brief vom 29. Dezember sei folgendes hierhergesetzt:

Grimms Werk[1]) kenne ich noch nicht. Goethe braucht ein jeder, der wahrhaft sich zu bilden strebt. Kein Wunder also, daß man über ihn so verschiedene Urteile hört, denn jeder legt ihn sich aus, wie er kann — und wie er selbst ist. Das subjektive Urteil ist meist das Spiegelbild des Urteilenden. Daß Goethe wahrhaft geliebt hat, beweisen die Früchte seiner Leiden, doch wußte er schließlich immer maßzuhalten. Und da das die wenigsten in unsrer Zeit verstehen noch wollen, glauben sie nicht dem Quell, aus dem Goethe schöpfte.

Ich werde eine schmerzliche Freude empfinden, Sie wiederzusehen. Doch nicht im Vorübereilen kann ich dies. Deshalb mein Vermeiden jedes Besuches bei meinen neuesten, so kurzen Aufenthalten im Kreis meiner Familie zu Berlin.

„Stahr und ich haben nie aufgehört, es Ihnen von Herzensgrund zu danken, wie Sie uns Ihren Beistand unaufgefordert, mit verständnisvoller Großmut in den Zeiten angeboten haben, in denen er sein Leben zum Zweck seiner Verbindung mit mir umzugestalten hatte, und glücklicherweise haben Sie jenen warmherzigen Anteil an uns nicht zu bereuen gehabt. Einundzwanzig Jahre einer idealischen Ehe sind uns zuteil geworden — und meines Mannes Kinder und seine noch lebende erste Frau sind mir nahe, als wäre es anders nie gewesen. Haben Sie Dank dafür, daß Sie damals an uns geglaubt haben, mein gnädiger Herr! Und lassen Sie mir die Zuversicht — jetzt, wo ich am Ende des letzten Jahres, das ich mit Stahr verlebt, in mir überschaue, was mir noch bleibt — daß ich auch Ihre Gunst in die Zukunft mit hinübernehme, die noch vor mir liegen mag.“

[1]) Hermann Grimm, Vorlesungen über Goethe, gehalten an der Königl. Universität in Berlin. Berlin 1876.

Die Großherzogin dankt herzlich für Ihren Gruß, dem ich den meinigen wiederholend anschließe.

87.

Weimar, 2. Februar 1877.

Empfangen Sie meinen herzlichen Dank für den so aufrichtigen und treuen Anteil, den Sie an meinem doppelten Kummer nehmen. Gottlob sind wir in bezug auf unsre Tochter beruhigt, denn sie schreitet in ihrer Genesung vorwärts. Und auch mir wird Gott beistehen, den schweren Verlust zu ertragen, den ich erlitten[1]). Wohl haben Sie zu sagen recht, daß es hierzu Zeit braucht; aber ein Irrtum ist es, zu glauben, man könne nicht leben, wenn man des Todes gedenke. Im Gegenteil lehrt das Leben erst recht, daß der Tod kein Aufhören, sondern ein Eintreten in eine andre, also fort= gesetzte Lebenstätigkeit ist. Diese Überzeugung ist aber uns eingepflanzt wie eine Notwendigkeit. Nun aber ist Gott die Wahrheit und nicht der Trug. Was uns eingepflanzt in unsre eigene Natur, ist also Wahrheit. Dieses Faktum hilft denn auch großen Kummer einzuweben in die Lebensaufgabe, und dies empfinde ich fortwährend.

Gott sei mit Ihnen, von Herzen wünsche ich es Ihnen.

[1]) Durch den Tod der Schwester des Großherzogs, der Prinzessin Carl von Preußen, am 18. Januar 1877.

88.

Weimar, 27. April 1877.

Ich werde mit Ihrem mir eben übersendeten
Novellenband nach der Wartburg reisen — den
besten Ort, um jenen zu genießen, Ihnen also all=
mählich zu danken. Indessen tue ich es bereits für
Ihren Brief, wenn auch nur mit wenig Worten,
denn es mangelt mir die Zeit, anders zu handeln.
Ich kann Ihnen in bezug auf unser großes Vorbild,
auf Goethe[1]), nur recht geben, denn die Kinderjahre
könnten kindlicher wohl behandelt sein; in den
späteren Lebensabschnitten konnten Epoche und
Objektivität sich passend begegnen. Immer bleibt
letztere uns der Schlüssel der Macht des Goetheschen
Geistes. Und da letzterer den zu behandelnden
Gegenstand immer vollständig beherrscht und zur
richtigen Geltung bringt, ist das Mittel zu preisen,
durch das dieser Geist so ewig Bedeutungsvolles
hervorbrachte und so ewig bedeutend das Leben
in sich wie außer sich verwertete. — Möge Gott
Ihnen bald zu der Kraft wieder verhelfen, die
Prüfung mit dem Leben auszugleichen, sodann zu
neuer Tätigkeit vorwärts zu schreiten. Dann werden
Sie auch wieder gesunden. Dazu wird auch gewiß
die Luft und die Ortsveränderung beitragen, deren
ich mich deshalb im voraus freue. Am meisten
aber tue ich es der so herzlichen Erinnerung,

---

[1]) Über Wahrheit und Dichtung.

die Sie mir bewahren, und die ich so aufrichtig
erwidere.

89.

Wartburg, 1. Nov. 1877.

Mit wahrer Befriedigung erkannte ich schon
auf dem Umschlag Ihres Briefes vom 26 v. M.
den römischen Stempel, mit noch größerer sehe ich
aus dem Inhalt Ihrer Zeilen, daß Sie den Ent=
schluß gefaßt haben, diesen Winter in Rom zu
bleiben[1]). In jedem großen Kummer liegt immer
ein Stück Krankheit. Um ersteren in das Leben ein=
flechten zu können, muß man letztere zu behandeln
wissen. Dies tun Sie durch den gewählten Winter=
aufenthalt. Er wird Ihre physischen Kräfte mit
Gottes Hilfe wiederherstellen, und Sie werden so=
dann mit erneuter Geistesfrische tätig sein können.
In diesem inneren Ausgleichen und Bauen liegt
die ganze Kunst des Lebens. Keinen Ort aber kenne
ich, der dies mehr begünstigt als gerade Rom.

---

[1]) Nach dem Tode Stahrs verlebte Fanny Lewald — im
Hotel Molaro an der Via Gregoriana wohnend — noch zwei
Winter in Rom, diejenigen von 1877 auf 1878 und von 1879
auf 1880. Vorher war sie 1845/46 und mit Stahr 1866/67
in Rom gewesen; jeder dieser vier Aufenthalte erstreckte sich auf
sieben bis acht Monate. Im Winter 1866/67 hatte sie eine
Wohnung an der Via Sistina inne. „Die eigentliche Heimat
meines Herzens habe ich in Rom," schrieb Fanny Lewald
11. August 1876. „Gefühltes und Gedachtes (1838—1883) von
Fanny Lewald, herausgegeben von Ludwig Geiger. Dresden
und Leipzig 1900."

Ach, wie so gerne folgte ich meiner Sehnsucht dort=
hin! Wenn gute Wünsche, also wahre, weil herz=
lich gemeinte, helfen können, so wird es sich an
Ihnen beweisen. Sie erhöhen meine Sehnsucht,
indem Sie mir die Versicherung geben, daß Rom
nicht durch die Neuzeit so verändert sei, um die
alte Zeit zurückstehen zu machen. Ich hatte das
Gegenteil gehört. Nun aber sprechen Sie von ge=
waschenen Betttüchern und Lumpen, die noch wie
sonst aus den Fenstern hängen, und beruhigt sehe
ich mich in Gedanken schon in Rom. Einstweilen
bin ich hier, an diesem mir so sympathischen Ort,
wo ich zwar nicht die Vorteile Roms genieße, aber
eine vortreffliche Luft, eine harmonische Umgebung
und die nötige Ruhe zur Sammlung und Arbeit.

Herrn von Otterstedts[1] Talent ist ungewöhn=
lich. Ich wünsche ihm gleichen ernsten Fleiß, denn
gern wünscht man jedem Künstler die Bedingung
der Bedeutendheit.

Und nun leben Sie wohl, und Gott sei mit
Ihnen! Sie wissen, ob dies herzlich meint

Ihr ergebener C. A.

90.

Weimar, 20. Januar 1878.

Wenn ich Ihnen sage, daß der Brief, welchen
ich gestern von Ihnen erhielt — er ist vom 15.

---

[1] Ein aus der Weimarer Kunstschule hervorgegangener
Maler, der sich in Rom aufhielt.

d. M. —, und der mir zunächst Ihre Glückwünsche
zum neuen Jahre übermittelt, mich ebensosehr rührt
als erfreut und interessiert, so werden Sie leicht
die Herzlichkeit meines Dankes erkennen, den ich
Ihnen heute ausspreche. Ich kann Ihnen aber
nicht danken, ohne nicht auch Ihnen Gutes zu
wünschen, also ein solches, das Ihnen wahrhaft
wohltut, — also zunächst die vollständige Wieder=
herstellung Ihrer Gesundheit, sodann Freude am
Schaffen und den Beweis, daß Ihr Schaffen ge=
linge. Gott möge diese Wünsche segnen, wie ich
hoffe, daß er diejenigen segnen möge, welche Sie so
freundschaftlich mir entgegenbringen.

> Vederò Napoli con piacere
> Ma con pensiero in Roma etc. —

singt ein italienisches Lied. Das ist die richtigste
Antwort, die ich Ihnen auf Ihre Erinnerung sagen
kann, welche Sie daran denken läßt, mir von Rom
zu erzählen, weil Sie wissen, daß ich so gern dort
bin. Etwas von mir ist denn auch immer daselbst.
Sie werden es daher natürlich finden, daß ich Sie
um die Zusendung Ihrer Briefe an die „Kölnische
Zeitung" bitte. — Indessen schreiben Sie mir einen
solchen, der sehr merkwürdig ist. An Ihrem Leben
betätigt sich aufs neue die Erfahrung, die ich schon
so oft gemacht habe: daß ausgezeichnete Persönlich=
keiten oft in solche Verhältnisse und Beziehungen
kommen, die ihrer bevorzugten Individualität ent=
sprechen. Die Aufzeichnung der hervorragenden

Gestalten der jetzigen italienischen Geschichte schon, sodann die Erwähnung der außerordentlichen Ereignisse, deren Sie Zeuge in der „Ewigen" waren, beweisen meine Ansicht, und so erscheint es mir fast selbstverständlich, daß Sie auch bei diesem Ereignis zugegen sein mußten[1]). Ihr voriger Brief sprach mir bereits von Ihrer Erwartung, aufs neue etwas Großes in Rom zu erleben. Nun tritt es ein, wenn es auch nicht das erwartete Konklave ist. Der Eindruck dieses Ereignisses im Quirinal ist, aus der Ferne betrachtet, ein sehr mächtiger, und zwar, wie mir scheint, einer von denen, wo die Sache selbst zum Teil nur einen Vorwand, eine Gelegenheit abgibt, die Meinung zu äußern. Bis jetzt sehe ich Einigkeit in der nationalen Äußerung; da ich Italien sehr liebe, wünsche ich um so mehr, daß diese Einigkeit des Ausdrucks auf Einheit der Nation schließen lasse. Um so peinlicher ist mir daher die Wahrnehmung, welche Sie gemacht, und welche Ihnen mit Recht in der Schamlosigkeit der Sittenlosigkeit eine emporsteigende Gefahr erkennen läßt. Ich will gern dem Klima hierbei etwas zugute halten, allein Ihre Bibelzitationen sind ebenso richtig als Ihre Ansicht berechtigt: in solchem Gebaren liegt die größte Gefahr für die Nation. Eine Nation ist immer in Gefahr, welche nicht ihre Ehre in der Sittlich-

---

[1]) Am 9. Januar 1878 war König Viktor Emanuel gestorben.

keit sucht, sondern nach äußerem Schein strebt.
Wohin dies führt, sehen wir in Frankreich ge=
nügend. Allein mir scheint die zunehmende Bildung
in Italien nicht umsonst zu wirken, und so glaube
ich, was ich hoffe: an eine Kräftigung und Er=
starkung der Nation. Würden Sie nicht daran
denken, eine Reihe von historischen Beobachtungen
über die verschiedenen von Ihnen in Italien er=
lebten Zeiten und von Ihnen gekannten dortigen
Persönlichkeiten zu schildern? Ihr Geist und Ihre
Feder würden dies vortrefflich können! Mir ist
der Gedanke heute gekommen, als ich Ihren Brief
ein zweites Mal las. Ich teilte letzteren meiner
Frau mit, die mich mit ihren herzlichen Grüßen
für Sie beauftragt. Sie ist im Begriff — wenn
die noch zwischen Frieden und Fortsetzung des
Krieges[1]) schwebenden Verhältnisse es erlauben —,
zu unsrer ältesten Tochter nach Konstantinopel zu
reisen.

Und nun leben Sie wohl, und lassen Sie
mich Ihnen noch einmal herzlich danken. Ach, wie
viel lieber sagte ich dies Ihnen mündlich!

91.

Weimar, 22. Febr. 1878.

Daß wahre Dichter auch wahre Propheten sind,
kommt vor. Daß sie es in dem Maße wie Sie,

---

[1]) Der russisch=türkische Krieg, der am 3. März 1878 durch
den Frieden von St. Stefano beendet ward.

selten. Als Sie nach Rom reisten, erwähnten Sie
mir gegenüber der Erwartung — richtiger gesagt:
der Möglichkeit — eines Thronwechsels im Vatikan.
Und was haben Sie nun erlebt[1])? Ihr Brief vom
13. d. M. fand mich im Begriff, Sie zu 'bitten,
mir den Eindruck zu schildern, den die rasch auf=
einander in Rom folgenden Ereignisse auf Sie ge=
macht haben mußten, — ich sehnte mich, in Ihrem
unabhängigen Geist die Tatsachen sich spiegeln zu
sehen, von denen die Welt erfüllt ist. Da kam
Ihre Güte mir zuvor. Ermessen Sie meinen Dank.
Sie zuerst waren es, die mich bestimmt benach=
richtigte, daß dem Tod des Papstes mit ebensoviel
Gleichgültigkeit begegnet wurde, als innige Trauer
der Widerhall des Todes des Königs war. Ob
diese letztere ihm allein nur galt, ob sie nicht
der möglichen Zukunft auch geweiht, Sie müssen
mir das sagen. Nun hat diese Zukunft in über=
raschender Schnelligkeit einen neuen Statthalter
Christi auf Petri Stuhl erhoben; noch ist er nicht
so klug gewesen — wie Sie richtig den zu wagenden
Schritt bezeichnen —, hinauszufahren in der alten
Karosse in die ewige Stadt. Wird er diese Lüge
des Gefängnisses fortsetzen? Wird er den Wider=
spruch mit dem Vorgänger durch das Aufgeben der
künstlichen Fesseln wagen? Und dann — wird er
neben dem mit dem Fluch der Kirche beladenen
Landesherrn leben, in ein und derselben Residenz?

---

[1]) Am 7. Februar 1878 war Papst Pius IX. gestorben.

Oder wird er zur Aussöhnung mit den fluchbeladenen
Autoritäten schreiten, vor deren Forum er und die
Seinigen als Bürger dieses Staats gehören, —
Autoritäten, die sich wenigstens ebensosehr vor ihm
zu beugen haben? Welch eine Verstrickung! Und
die Nation — was sagt diese dazu? So könnte
ich Seiten mit Fragen beschreiben, die aneinander
sich reihen in ununterbrochener konsequenter Folge.
Doch deren bedarf es nicht, denn Sie ahnen, Sie
kennen sie alle.

Indessen schreitet die große Wandlung im Osten
weiter fort und bringt — wie das Auge des Berg-
steigers beim Erklimmen immer neue Gipfel emporsteigen sieht im Hochgebirge — immer neue Pro-
bleme hervor. — Sie nehmen so herzlichen Anteil
an meiner Familie, daß ich nicht erst Ihnen zu
erklären brauche, wie bange es mir oft war und
ist, mein Kind und meine Frau inmitten des sich
verengenden Zentrums zu wissen, das schon so oft
die Arena der Weltlose war[1]). Meine Hoffnung
ist in Gott. Er wird es gnädig fügen!

Noch habe ich die Artikel nicht gelesen, die
Sie so gut waren, mir zu senden[2]). Ich bin nicht
gewohnt, Ihre Werke flüchtig anzusehen. Ich
brauche also Zeit, und diese gebricht mir jetzt

---

[1]) Die Großherzogin war zum Besuch bei ihrer Tochter,
der Prinzessin Reuß, in Konstantinopel, wo Prinz Reuß damals deutscher Botschafter war.

[2]) Briefe aus Rom, vier Feuilletons der „Kölnischen
Zeitung".

vollständig. Empfangen Sie indessen meinen herz=
lichen Dank!

92.

Weimar, 16. März 1878.

Lassen Sie mich Ihnen herzlich für die Glück=
wünsche danken, welche mir Ihr Brief von dem
11. d. M. überbrachte. Sie scheinen sich bereits
zu verwirklichen, denn gute Nachrichten, Gottlob,
fahren fort, aus Konstantinopel die erste Freude
über die Nachricht[1]) zu erneuern und fortzusetzen.

Die Macht der Kinder wächst, indem man den
Wert des Lebens mehr erkennt; die „Macht" nenne
ich den Einfluß, den das sich entwickelnde Kind
auf den dasselbe beobachtenden Menschen ausübt,
und erzogen durch das Kind wird dieser, indem er
jenes zu entwickeln sucht. Dies ist meine Antwort
auf Ihre Frage.

Sie beantworten diejenige, welche ich in dem
vorigen Briefe über die Zustände in Rom an Sie
richtete, obgleich ich glaube, daß Sie diesen noch
nicht erhalten haben. Was Sie sagen, entwirft
ein für die Zukunft beunruhigendes Bild der Gegen=
wart. Denn in der Tat ist die Unsittlichkeit der
Rost jedes Staates, eines so jungen wie Italien
besonders. Der allgemeine Drang nach Bildung,
wenn er dauert, wird allmählich indes ein Gegen=
mittel abgeben; wäre er auch nur aus Eitelkeit,

' Geburt eines Enkels des Großherzogs am 4. Juni 1878.

hinter den andren Nationen nicht zurückzubleiben,
so wäre doch ein Fortschreiten gesichert. Aber der
Enthusiasmus, der schöpferische, der bei dem Bilden
des Staates aufloderte, verlischt, und die Gefahr
scheint denkbar, daß der neue Papst nicht wie der
vorige gegen jedes Entstandene und jeden Fortschritt
eifert, sondern mit dem Vorhandenen gegen das
Entstandene kämpft. Dann wäre er gefährlicher
als der Vorgänger.

Ich bin im Begriff, nach Berlin zu reisen, wo
ich Ihrer gedenken werde. Mithin umgeben dort
wie hier meine besten Wünsche Ihre Wege.

93.

Belvedere, 27. Juni 1878.

Ich habe Ihren so bedeutungsreichen Brief,
meine verehrte Frau, aus Bern von dem 9. d. M.
wiederholt gelesen und immer mit erneutem Inter=
esse. Nun empfangen Sie meinen Dank, der ein
sehr herzlicher ist, wenn auch nur durch wenige
Worte ausgedrückt. Gesinnungen wie diejenigen,
welche ich Ihnen bewahre, bedürfen dieser nicht;
Beurteilungen aber wie diejenigen, welche Sie von
mir wünschen, verlangen deren zu viel, als daß ich
sie einem Briefe anvertrauen möchte. Sie kennen
mich aber glücklicherweise zu lange und zu gut, um
nicht überzeugt zu sein, daß ich wohl fühle, was
Sie bewegt, und daß meine durch die neuesten
Ereignisse tief erschütterte Seele eben deshalb dies

zu sagen berechtigt ist. Gott hat uns durch das doppelte Attentat auf den Kaiser[1]) eine schwere Prüfung erfahren lassen, aber auch ebensosehr seinen Beistand. Er wird auch ferner beweisen, daß seine Hilfe nicht fehlt, wo der Glaube an ihn und die dementsprechende gewissenhafte Tätigkeit besteht. Möge hierdurch bei der Erziehung — wie Sie so richtig bemerken — das Gefühl der zu erfüllenden Pflichten, nicht bloß der zu genießenden Rechte, entwickelt werden! — Ich werde der Kaiserin Ihre Teilnahme nicht vorenthalten. Gebe Gott, daß ihre Gesundheit nicht unter so viel Schreck und Sorge noch mehr leide!

Ihre treue Erinnerung an mein Regierungs= jubiläum[2]) rührt mich, wie Ihre gütige Beurteilung mir von hohem Wert ist. Das Leben lehrt, daß es doch am meisten auf den redlichen Willen an= kommt, das Gelingen aber Gott anheimsteht. So will ich nur von meinem redlichen Willen reden.

Von Herzen wünsche ich Ihnen das beste Gelingen Ihrer Kur in dem mir so lieben und für mich an Erinnerungen reichen Ragaz, wohin ich Ihrem Wunsche gemäß diese Zeilen richte.

---

[1]) Das Hödelsche Attentat hatte am 11. Mai, das Nobilingsche am 2. Juni 1878 stattgefunden.

[2]) Das fünfundzwanzigjährige Regierungsjubiläum des Großherzogs fand am 8. Juli 1878 statt.

94.

Belvedere, 19. Juli 1878.

Vergeben Sie mir, meine Verehrte, wenn ich nur mit wenig Worten für Ihren Brief aus Ragaz, für die wohlerhaltenen Alpengrüße, für die Glückwünsche danke, durch welche Zeichen Ihrer Güte Sie mein Jubiläum umgaben. Fast überwältigt von den Beweisen der Erinnerung wie von den denselben entsprechenden Pflichten der Dankbarkeit, muß ich mich mit aller Gewalt konzentrieren, um jedem Erfordernis zu genügen, und so weiß ich kaum Zeit und Pflicht in Gleichgewicht zu erhalten. Indes hat zum Glück die Herzlichkeit ein Recht, von jedem Menschen erkannt zu werden, welcher die Sprache des Herzens in Wahrheit redet. So werden Sie denn auch meiner Erkenntlichkeit gern glauben für die Worte, durch welche Sie die Ernte derjenigen Saat begrüßten, welche meine Vorfahren ausstreuten, und die Gott aufgehen ließ. Möge er auch ferner seinen Segen geben!

Kehren Sie gestärkt zurück und für fernere Tätigkeit gekräftigt.

95.

Eu, 12. Nov. 1878[1]).

Für Ihren nach Ihrer Rückkehr geschriebenen Brief spreche ich Ihnen meinen herzlichen Dank

---

[1]) Der Großherzog hatte im Spätherbst 1878 eine Badereise nach Biarritz benutzt, um von Paris aus seinem Verwandten,

aus. Ich tue dies im besonderen für dasjenige, welches Sie über die Monumente in Weimar, über Weimar selbst äußern. Was Weimar zu erstreben hat und erstrebt, wissen Sie; dies Bemühen von Ihnen anerkannt zu sehen, ist mir als dem Verwalter des Anvertrauten eine wahre Freude.

Sie werden mir ebenfalls glauben, wenn ich von gleicher Empfindung bei der Nachricht, daß Sie glücklich heimgekehrt sind, spreche. Indessen kann ich eine Klage nicht unterdrücken, daß Sie sich dem Ihnen so sympathischen, also so wohltuenden Süden entrissen, um im Norden wieder die Orte kaum erst durchlittenen Kummers aufzusuchen. Sie können überzeugt sein, daß ich, so Gott will, mir die Freude, Sie zu besuchen, nicht entgehen lassen werde. In jedem Falle genießen Sie jetzt wieder die — allerdings etwas zweifelhafte —, den Ereignissen, den täglichen, näher zu sein, von denen man in der ganzen Zauberei des Südens sich doch meist recht entfernt fühlt. Möge Ihre große Begabung in dem Vaterlande auch wieder Großes wirken.

96.

Weimar, 17. Januar 1879.

Gutes zu wollen und das Bewußtsein zu genießen, Gutes zu wirken, während die Gesundheit

---

dem Grafen von Paris, einen Besuch von einigen Tagen auf Schloß Eu abzustatten.

sich erhält, erscheint mir unter den Wünschen als
einer der besten. Möge Gott ihn denn zu Ihrem
Besten segnen — nicht besser wüßte ich zunächst
Ihren Brief von dem 11. d. M. zu erwidern,
während das Jahr an Alter und Ernst zunimmt.

Das geistreiche Wort über die eigentümliche
Lage, in der wir Teutschen uns befinden, wenn
wir Italien gekostet haben und im Vaterlande
weiterleben, ist eine reizende Umhüllung jener
Benennung, die mir gegenüber Radowitz einst gab,
als ich nach Italien abzureisen im Begriffe war.
Er nannte es „das ewige Sehnsuchtsland der
Teutschen". Die Empfindungen, welche mir durch
Ihre Zeilen verraten werden, scheinen mir beiden
Auffassungen recht zu geben, denn die Erklärungen
betreffs Ihrer Rückkehr verdecken nur sehr dünn
Ihr Bedauern, daß Sie letztere ausgeführt haben.
Würden Sie mir nur gesagt haben: die gänzliche
Niederlassung in Italien würde Sie zu sehr der
Fühlung mit der geistigen Bewegung diesseits der
Alpen entrücken, so glaubte ich Ihnen mehr, — so
weiß ich nun, daß ein Stück Ihrer Seele drüben
blieb, und werde mich gar nicht wundern, ginge
das andre wieder zurück, sich bleibend mit dem
ersten zu vereinigen. Indessen lassen Sie uns bei
nächster Gelegenheit die Aquarellen zusammen be=
trachten, wo wir ersehen, „wo der Pfeffer wächst"
und wir uns gegenseitig so von Herzen hinwünschen.
Zunächst aber lassen Sie mich die immer neue Wieder=
holung immer älterer Gesinnungen aussprechen.

97.

Für Ihren liebenswürdigen und bedeutungs=
reichen Brief danke ich Ihnen, meine Verehrte,
auf das herzlichste. „Su gärne"[1]) möchte ich, daß
Sie dies in seiner vollsten Bedeutung auffaßten.

Je unbehaglicher augenblickliche Eindrücke sind,
je weniger ist man meist geneigt, dieselben anders
als im einzelnen zu beurteilen, während die Forschung
lehrt, daß sie dann am meisten nur im Zusammen=
hang mit dem ganzen Großen und vom Standpunkt
des letzteren betrachtet werden müssen und können.
Dies bewahrheitet sich bei den Zuständen, die Sie
erwähnen. Deshalb hatte Ihr Gatte so recht,
auch in seinem auf die Entwicklung der Zustände
sich beziehenden Urteil die Ansicht Goethes fest=
zuhalten, der das Spiralbildende des menschlichen
Entwicklungsganges hervorhebt. Und beide hatten
abermals recht, gegen die Meinung zu protestieren,
daß Erziehung sich auf Naturwissenschaft gründen
lasse. Sehr richtig und natürlich führt Sie diese
Überzeugung zu einer Religion der Liebe, also dem
Christentum. Denn nur auf diese, auf die Liebe,
gründet sich dieses. Das Leben aber lehrt, daß
diese Lehre Wahrheit ist, denn sie entspricht dem
innersten Bedürfnis der Seele.

---

[1]) Volkstümliche schlesische Aussprache für „zu gerne".

Das Werk Kingsleys „Hypatia"[1] höre ich sehr loben. Noch aber konnte ich es nicht einflechten zwischen „Sollen" und „Wünschen". Ebensowenig, glaube ich, wird es mir gelingen, Ihnen bei meinem bevorstehenden Besuch in Berlin einen Besuch zu machen. Lassen Sie mich daher durch diese Zeilen vertreten sein, die ich mit dem alten Ausdruck noch älterer, Ihnen wohlbekannter Gesinnungen schließe.

98.

Biarritz, 25. Oktober 1879.

Aus Ihrem Brief aus Berlin von dem 19., für den ich Ihnen meinen herzlichsten Dank ausspreche, ersehe ich mit Freude, daß es Ihnen, Gottlob, gut geht, und mit einigem Erstaunen, daß Sie unschlüssig sind, ob Sie den Winter in Berlin einem in Rom vorziehen sollen. Hieraus werden Sie ohne Mühe entnehmen, welchen Rat ich geben würde, stünde mir ein solcher zu. Dementsprechend freue ich mich, daß Sie diesen Sommer benutzten, sich neue Horizonte und mithin neue Interessen zu sichern[2]. Von den mir genannten Städten kenne

---

[1] Charles Kingsley, Hypatia oder Alte Feinde mit neuem Gesicht. 1852 (Deutsche Übersetzung 1858) — den Kampf der niedergehenden heidnischen Philosophie mit dem aufsteigenden Christentum behandelnd.

[2] Fanny Lewald-Stahr hatte eine Reise nach Holstein und Dänemark gemacht, deren Eindrücke später in einem Buch „Vom Sund zum Posilipp. Briefe aus den Jahren 1879 bis 1881. Berlin 1883", niedergelegt sind.

ich Kopenhagen nicht, Kiel so gut wie nicht, Lübeck
genug, um zu bedauern, es nicht besser zu kennen,
denn dort knüpft sich an vielbedeutende Repräsen=
tanten merkwürdiger Vergangenheit eine bemerkens=
werte Gegenwart, die eine glückliche Zukunft mög=
lich macht. Der Gemeinsinn der Stadt, welcher das
Schöne, das ihm überkommen, achtet und bewahrt
und dadurch sich selber ehrt, ist ein lehrreiches
Beispiel für unser Reich. Wenn jeder Staat und
jeder bedeutende Ort und jede Familie, welche
Kunst mit Industrie verbindende Schätze besitzt,
das Bedeutende des Überkommenen durch Veröffent=
lichung von Verzeichnissen bekanntmachen wollte,
und wenn photographische Nachbildungen sich hier=
mit verbinden ließen, so würde man — ich sage
es voraus — erstaunen über das Bedeutende, was
von dem Vaterland verborgen wird, ohne es weder
zu kennen noch immer kennen zu wollen. In
meinem Land habe ich mit einem dahinzielenden
Versuch begonnen [1]. Bemerken muß ich übrigens,
daß das Aufstapeln einer Menge Gegenstände an
einem Ort nicht meiner Ansicht entspricht, weil
eine Menge Objekte ihren größten Wert verlieren,
wenn sie dem historischen Rahmen entrückt sind,

[1] Diese Ideen sind für das Großherzogtum Sachsen der
Verwirtlichung entgegengeführt durch das seit 1888 von Pro=
fessor Lehfeldt herausgegebene Wert „Die Bau= und Kunst=
dentmäler Thüringens. Jena", welches auch die beweglichen,
in öffentlichem oder Privatbesitz befindlichen Gegenstände der
Kunst und Kunstindustrie berücksichtigt.

dem sie angehören. Die so leichten Verbindungs=
mittel in Deutschland würden es möglich machen,
daß der Lernende und Kunstliebhaber mit dem
Katalog in der Hand leicht die bezeichneten Örtlich=
keiten besuchen könnte. Welche Folgen aber für die
Industrie, für die Kunst, für den Gemeinsinn, ja,
die Liebe zum Vaterlande eine solche Pflege haben
würde, ist unberechenbar. Ihre Feder sollte mir
dabei helfen!

Diese Gedanken sende ich Ihnen freundschaft=
lich von dem Ufer des Meerbusens von Biscaya,
umrauscht von den Fluten des Atlantischen Ozeans.

99.

Weimar, 13. Januar 1880.

Wenige Ihrer Briefe, verehrte Gönnerin, haben
mir so viel Freude gemacht als der aus Rom vom
28. v. M., auf welchen meine Dankbarkeit Ihnen
heute antwortet. Denn zunächst kommt er eben
aus der ewigen Stadt, wohin, wie Sie sich erinnern
werden, mein auf Überzeugung gegründeter Rat
Sie wünschte; sodann beweist mir die Frische
Ihrer Wahrnehmungen und Ausdrucksweise, daß
Sie fühlen: es geht Ihnen gut. Mit solch doppelt
günstigem Eindruck danke ich Ihnen um so herz=
licher. Auch deshalb, weil Sie so von Herzen mir
Glück wünschen. Solche Art Wünsche haben denn
immer eben auch die meiste Aussicht auf Erfüllung.
Dieses letztere möge sich denn auch besonders darin

bewähren, daß ich Rom endlich wieder genießen könne. Ich sage nicht bloß „sehen"; denn ich sehne mich wieder zu erfrischen in dem „Sein in Rom", in dem nur dort zu empfindenden Bewußtsein, daß man, auch ohne es bestimmt zu wollen, lernt, indem und wie man atmet. Ihre umfassende Betrachtung, deren Schilderung ich Ihrem beredten Geiste verdanke, beweist mir, daß die Gegenwart doch nur neben der Vergangenheit lebt, und wie die Lagunenbrücke die insulare Eigentümlichkeit der Lagunenstadt Venedig nur erhöht, auch in Rom die Gegenwart nicht die Macht der Spuren größter Vergangenheit vermindert. Dessen freue ich mich in Gedanken, freue ich mich für Sie in der Gegenwart und für mich, so Gott will und ich lebe, in der Zukunft. Ich hoffe von dieser, daß auch der Sommer Sie, wie Sie es wünschen, in Italien halte; denn ich kann nur Gutes wünschen.

100.

Weimar, 17. Febr. 1880.

Von Herzen lassen Sie mich Ihnen für Ihre so freundschaftliche Absicht danken, mir Freude zu machen, für den Beweis ersterer: die Sendung Ihrer „Reisebriefe", endlich für die Zeilen, durch welche Sie dieselben begleiteten. Ist Freude bereiten zu wollen ein schöner Herzenszug, so ist das Geschick, sie zu bereiten wissen, eine der glücklichsten Gaben. Mit diesem Gefühle begrüße ich die Ihrige

und freue mich), durch Sie zurückgeleitet zu werden
in das „ewige Sehnsuchtsland von uns Deutschen",
im besonderen nach Rom, wo ich immer mit etwas
wohnen geblieben bin. — Daß mir schon Bekanntes
in Ihren Briefen wiederbegegnen wird, ist mir
sehr willkommen, wie man liebe Bekannte gern
wiedersieht.

Ich freue mich, so gute Nachrichten von Ihnen
zu erhalten, ich freue mich, Gott sei Dank, Ihnen
gute von mir geben zu können. Mir ist dieser
strenge, aber schöne Winter sehr gut bekommen, und
hat mich derselbe in steter und wachsender Tätig=
keit gehalten. Ich hoffe, Ihnen baldmöglichst, so
Gott will, davon zu erzählen. Einstweilen küsse
ich Ihnen die Hand und bleibe wie immer und
aufs neue   Ihr dankbarer C. A.

101.

Belvedere, 13. Juli 1880.

Für dieses Mal werden Sie mir gestatten
müssen, mit einem Vorwurf diesen Brief zu beginnen.
Weshalb traten Sie nicht an mich heran, als Sie
mich auf dem Eisenacher Bahnhof erkannten? Ich
versichere, daß weder die Prinzessin von Asturien,
die mir Lebewohl sagte, noch die ganze Grandezza
ihres Vaterlandes mich nicht hätte verhindern
sollen, Sie zu begrüßen. Ich indes erfuhr erst
durch meine Umgebungen, daß man Sie im Zug
erkannt zu haben glaubte, als dieser schon fort=

gebrauft war. Und nun laſſen Sie mich herzlich
für Ihren Brief und den Zeitungsartifel[1]) danken,
den Sie eingelegt haben. Ich habe beide mit dem
beſonderen Intereſſe geleſen, welches ich jedem Ihrer
Briefe, jedem Erzeugnis Ihrer Feder ſo gern zolle.
Mit welcher Spannung ich im voraus auf das
Goetheſtandbild blicke, werden Sie um ſo mehr mir
glauben. Ich höre allgemein es bewundern, Ihre
Feder aber hat beide geehrt, den Künſtler wie ſein
Werk. Ich teile Ihre Anſicht über die anatomi=
ſierende Tendenz unſrer Zeit betreffs der Schöpfungen
wie der Urheber derſelben, unſrer großen Dichter.
Allein natürlich ſcheint es mir, daß die deutſche
Nation ſich immer wieder und immer mehr mit
Goethe beſchäftigt, denn je mehr unſre Nation
vorwärts ſchreitet, deſto mehr wird ſie auf Goethe
zurückkommen, denn ſie wird ihn, gerade ihn, immer
mehr und mehr brauchen. Die Erſcheinung des
Goethe=Jahrbuchs iſt ein Beweis hiervon[2]).

Möge indeſſen die gelungenſte Kur beweiſen,
daß ich Ihnen nicht umſonſt immer das Beſte
wünſche.

---

[1]) Über Schapers Goethe=Standbild in Berlin, in der
„Kölniſchen Zeitung“.

[2]) Der erſte Jahrgang des gegenwärtig beim fünfund=
zwanzigſten Jahrgang ſtehenden Goethe=Jahrbuchs, heraus=
gegeben von Ludwig Geiger, war 1880 erſchienen.

102.

Weimar, 19. Februar 1881.

Vielfältigen Dank, meine verehrte Gönnerin, habe ich Ihnen für Ihren Brief und für die Sendung zu sagen, von welcher Ihre Zeilen die Begleiterinnen waren. Vor allem aber danke ich Ihnen für die so freundschaftliche Absicht, mir Ihr Bildnis[1]) zu bestimmen, denn Sie wußten, welche Freude Sie mir bereiten würden. Mit der Versicherung, daß Ihnen diese Absicht gelungen, vollständig gelungen, danke ich Ihnen am richtigsten. Daß also mein Dank auch der herzlichste ist, wissen Sie, um so mehr Sie sich dies selbst sagen müssen. Ihr Bildnis ist sehr gelungen; sein Ausdruck ist ernster, als ich bei Ihnen gewohnt bin, aber er stört nicht die Ähnlichkeit, und diese ist tadellos. Sie haben recht gehabt, den Wunsch Liszts zu erfüllen, er hatte recht, ihn zu hegen; der Künstler ist der Ehre wert, die Sie ihm antaten, als Sie ihm zu seiner Arbeit saßen. — Diejenige Medaille, welche das Bild Liszts[2]) darstellt, halte ich für sehr gut: als Arbeit, als Ähnlichkeit, als Geschmack. Ich lobe die Arbeit an dem Bildnis des Papstes,

---

[1]) Ein von dem 1882 verstorbenen Bildhauer und Modelleur Hermann Wittig in Rom ausgeführtes Medaillonbildnis. Von demselben Künstler sind auch die beiden weiter erwähnten Medaillen.

[2]) Angefertigt aus Anlaß seines siebzigsten Geburtstages.

ich vermag aber ein gleiches nicht an der Rückseite der Medaille zu tun. Malerisch kann ich nämlich mir die Gruppe der Figuren mit dem Hintergrunde auf einem Gemälde, selbst auf einem Relief denken. Auf einer Medaille ist das Malerische nicht an seiner Stelle. Hier muß Konzentration, mit Deutlichkeit durch Schönheit verbunden, die Grundbedingung sein. Die Medaillen des Cinquecento drücken aus, was und wie ich's meine. Eine Dame, welche Rom längere Zeit bewohnte, sagte mir gestern abend, der Papst selbst habe diese Zusammenstellung bedungen. Das erklärt manches. Hätte der Künstler freie Hand gehabt, würde es, nach meiner schwachen Meinung, genügt haben, den Heiland vor den knieenden, schlüsselempfangenden Leo XIII. zu stellen. — Sagen Sie mir nun, bitte, wie ich dem Künstler zu danken habe. Da Sie in seinem Auftrage mir die Medaillen senden, wage ich, Sie um die Übermittlung meines mündlichen Dankes zunächst zu bitten. Dann möchte ich einen schriftlichen Dank direkt folgen lassen; was aber dann diesem? Je mehr man jemanden schätzt, je individueller muß der Dank sein, den man ihm schuldet. Nur Sie können mir hier raten. — Ach — könnte ich mündlich diesen Rat mir holen! Dieser Seufzer sagt alles, was ich schreiben könnte. Sie werden ihn am besten auch auslegen können. In wiederholter Dankbarkeit küsse ich Ihnen die Hände als

Ihr ergebener C. A.

103.
Ohne Datum.
(Weimar, Anfang 1882.)

Mit rechter Freude habe ich Ihren Brief von
dem Ende vorigen Monats begrüßt, mit nicht ge=
ringerer ihn gelesen, möge nun mein Dank, meine
Hochverehrte, Ihnen gleichfalls willkommen sein.
Mir ist es in Wahrheit zunächst, Sie wohl, Sie
rüstig, Sie also tätig zu wissen. Denn beides,
erstere kann ich mir eigentlich nur dann wirklich
denken, wenn das letztere damit verbunden ist.
Deshalb wage ich auch, es mir gar nicht bange
werden zu lassen, wenn Sie sagen: „Sie könnten
es tun, Sie könnten es auch lassen.“ Denn keines=
wegs werden Sie es lassen können noch dürfen,
aufzuhören, tätig zu sein, am allerwenigsten im
Sinne Ihres Gatten, der es immer im Bereiche
der Veredlung, der fortgesetzten Bildung zu sein
strebte. Dafür aber, für Veredlung, für Zunahme
an Bildung innerhalb unsrer deutschen Nation,
bietet sich, sollte ich meinen, ein weites Feld, be=
sonders, was die wahre politische Bildung betrifft.
Einstweilen senden Sie mir ja, da Sie selbst so
gütig mir es anbieten, Ihre Blätter aus Sorrent,
dem mir so wohlbekannten, von mir lang be=
wohnten Ort. Möge der Winter im Norden Ihnen
nicht den im Süden zu sehr vermissen lassen, denn
vergessen läßt sich der Süden nun einmal nicht.
Von diesem allen mich mit Ihnen persönlich zu

unterhalten, wird mir hoffentlich bald die Gelegen=
heit werden und Ihnen dann für die so gute und
ähnliche Photographie in berühmter Örtlichkeit
wiederholt zu danken, durch welche Ihre Güte mich
überrascht[1]), Ihre Freundschaft mich erfreut hat.
Sie aber wissen, wie sehr beide Gesinnungen mich
gemacht haben zu

Ihrem aufrichtig ergebenen C. A.

104.

Weimar, 24. Febr. 1882.

Da rasches Genießen nicht der Geschmack eines
jeden, insbesondere nicht der meinige ist, so werden
Sie mir verzeihen, daß ich langsam — nicht schnell —
mir mein geliebtes Sorrent emporzaubern lassen
wollte. Und so kam es, daß ich Sie bis morgen
auf meinen heutigen Dank warten lasse, um so
mehr ich gern das mir Zugesandte[2]) lesen, ehe ich
darüber schreiben wollte. Nunmehr aber sei Ihnen,
meine gütige Freundin, mein um so herzlicherer
Dank dargebracht für die Absicht, mir Freude
machen zu wollen, wie für die Ausführung ersterer.
Dies sagt aber schon, was ich im einzelnen nur
wiederholen müßte, sollte ich die Wirkung Ihrer
Feder schildern. Nur das gelingt, was man liebt,

---

[1]) Eine Photographie Fanny Lewald=Stahrs mit dem
Hintergrund der antiken Fresken aus dem Hause der Livia
auf dem Palatin.

[2]) Briefe aus Sorrent im Feuilleton der „Nationalzeitung".

deshalb gelang Ihnen Ihre Sorrentiner Schilderung
so vortrefflich, um so mehr Sie die Wahrheit durch
Natürlichkeit mit der Schönheit der Sprache ver=
binden. Darin liegt die eigentümliche Kraft wie
Grazie Ihres Stils. Dies aber sage ich Ihnen,
weil ich Ihnen Wahrheit schulde, nicht aber Ihnen
schmeicheln will.

Die Wahrheit ist es auch, welche Sie in Ihrem
Urteil über die Kaiserin, meine Schwester, sagen.
Diese Wahrheit resümiert sich aber in dem ein=
fachen Worte „Pflichtgefühl". Dies ist durch
Gottes Hilfe Ihre Lebenskraft, wie es ihr Lebens=
werk immer ist. Daß Sie dies erkennen, freut
mich, wie, daß Sie mir es aussprechen, um so mehr
Sie wissen, weil Sie es fühlen, was der Name,
den wir tragen, was der Name „Weimar" uns Ge=
schwistern auferlegt.

Möge der milde Winter, der schon von Früh=
ling spricht, Ihnen wohltun und mir die Freude
gönnen, Ihnen bald wieder persönlich meinen Besuch
abzustatten und in traulichem Gespräch mündlich
meine Ergebenheit zu beweisen.

105.

Weimar, 21. April 1882.

In allen Sprichwörtern liegt Wahrheit, des=
halb dauern sie auch. Mögen Sie, meine Ver=
ehrte, die Wahrheit des Sprichwortes „Was lange
währt, wird gut" bestätigt finden, indem Sie die

irdene Ware Bürgeler Industrie[1]) betrachten und
dann gebrauchen, die ich — endlich — Ihnen zu=
sende. „Endlich“ sage ich, denn seit ich im März
Ihre Zimmer verließ, ist die Bestellung nach jenen
Gefäßen sofort gemacht worden. Beurteilen Sie
nun danach meine Ungeduld, bis jetzt Sie haben
warten lassen zu müssen, statt das Versprechen
sofort erfüllen zu können. Allein, jene Töpfer sind
ebenso tätig im Arbeiten als lässig im Denken,
denn statt für ein Musterlager im Ort oder in
Weimar zu sorgen, wo man das zu Bestellende
aussuchen könnte, arbeiten sie nur dasjenige, was
im Orte selbst bestellt wird, ohne etwas vorrätig
zu haben. Mit der Erfahrung wird sich auch wohl
die Klugheit einstellen. Einstweilen lassen Sie mich
auf Ihre Güte hoffen, um meine Sendung nur als
eine solche anzusehen, welche dem gewöhnlichsten
Hausbedarf, keineswegs aber dem Schmucke dienen
soll. Immerhin ist erstrebt, das bloß Nützliche in
gefällige Form zu kleiden.

Das herrliche Frühlingswetter begleitet meine
Sendung. Sei das erste ein günstiges Zeichen für
die Aufnahme der zweiten; dieses wünscht auf=
richtig   Ihr Ihnen herzlich ergebener E. A.

------

¹) Die in Bürgel bei Jena von alters her heimische
Tonwarenindustrie war durch fördernde Maßnahmen der
weimarischen Regierung, welchen der Großherzog sein be=
sonderes Interesse zugewandt hatte, auf eine höhere Stufe er=
hoben worden.

106.

Wartburg, 10. Mai 1882.

Den Beweis zu empfangen, Freude gemacht zu haben, wo man diese beabsichtigte, ist immer eine wahre. Sie bereiten sie mir durch Ihren Brief vom 24. v. M. Mit dieser Versicherung und Empfindung lassen Sie mich meine Antwort beginnen. Etwas erschreckt wurde ich durch die Bemerkung, daß Sie die Bürgeler Ware auch zum Schmuck gebrauchen; denn nur zum täglichen Gebrauch und Hausbedarf war sie bestimmt und ist sie geeignet mit Ausnahme vielleicht von den langhälsigen kleinen Gefäßen zu Blumen. Indessen mag dem sein, wie ihm wolle, den Lebensbedarf und Gebrauch zu schmücken, ist ein Hauptzweck der Industrie — wie meiner Gabe.

Ihre kritische Beleuchtung Wallensteins scheint mir neu, aber wahr. Ich möchte glauben, daß dieselbe Überzeugung, welche ihn, Schiller, anderswo sagen läßt: „Das ist der Fluch der bösen Tat, daß sie stets Böses muß gebären[1])", dem Autor den Verrat als gleichsam die Atmosphäre bezeichnen mochte, die den Verräter Wallenstein allein umgeben konnte, und wechselweise wirkend den Eindruck des Fatums erzeugt, das unerbittlich herrscht

---

[1]) Das Zitat würde genau zu lauten haben:
Das eben ist der Fluch der bösen Tat,
Daß sie fortzeugend Böses muß gebären.

und die Hauptperson mit ihrem Haus in den Ab=
grund stürzt.

Was die stilistisch schönen Phrasen von Renan [1])
betrifft, so müssen Sie mir gestatten, entgegen=
gesetzter Meinung zu sein. Will er die Erscheinung
des Heilandes nach seiner Auferstehung für eine
Halluzination der Maria Magdalena halten, so
ist das Renans Sache. Halluzination dürfte es
aber schwerlich gewesen sein, daß so viele andre
— Apostel, Schüler usw. — den Heiland, den Auf=
erstandenen, nach ihr sahen, erkannten, von ihm
belehrt wurden. Halluzination ist auch nicht das
sich entwickelnde und immer mächtiger werdende
Christentum, das der Gott der Liebe und Wahrheit
durch den Glauben an die Unsterblichkeit seitdem
entwickelt. Zudem ist „Gott nicht ein Gott der
Toten, sondern der Lebendigen", wie die Schrift
und der in uns gelegte Geist sagt.

Auch ich erhielt durch eine Dame aus Eisenach,
die allmählich sich von dem Typhus erholt, dem sie
im vergangenen Jahre in Rom und Castellamare
fast erlag, soeben die Bestätigung der Typhusgefahr,
der die Besucher Roms jetzt ausgesetzt sind. Sollte
denn eine Desinfizierung nicht möglich sein? Die
Gefahr drängt sich auf, wie es die sibyllinischen
Bücher dem Kaiser Augustus taten.

Mein Sohn dankt sehr für das Urteil, welches

---

[1]) In Ernst Renans „Les apôtres" (1866) als Fort=
setzung der „Vie de Jésus" (1863).

Sie über seine Stiftung Bürgeler Waren in das
Gewerbemuseum in Berlin fällen, und ich danke
schließlich ebensosehr für die mir gesendete Fort=
setzung Ihrer „römischen Briefe" — dieser schönen
Blätter der Erinnerung, von hier aus, von diesem
Ort der Erinnerungen.

107.

Biarritz, 30. Oktober 1882.

Gestatten Sie mir, meine stets gütige Gönnerin,
nicht erst auf den Empfang des zweiten Beweises
dieser Titulatur, Ihr Werk, zu warten, sondern
gleich jetzt den Dank für dasselbe mit dem für den
ersten Beweis, Ihren Brief, zu verbinden, der mich
hier erfreute. Um so mehr ich befürchte, daß mich
das Werk in Weimar erwarten wird, da mir nur
Briefe an diese ferne Küste eigentlich zugesendet
werden. Und um so besser ist dies, denn so freue
ich mich schon im voraus, durch Ihren Zauberstab
wieder in dem „Sehnsuchtsland der Deutschen",
wie Herr von Radowitz Italien nannte, zu wandeln
und Ihnen dann ein wiederholtes Mal zu danken —,
wohl möglich in Berlin, wohin ich vielleicht im
Dezember, so Gott will, komme.

Bei ruhigem, sonnenbeleuchtetem Meere schreibe
ich diese Zeilen; bei entsetzlichstem Sturm würde
ich sie die verflossenen Tage haben schreiben müssen.
Auch hier ist der Herbst dieses Jahres eine Reihe
wechselvoller, oft sehr schlechter Tage; Schlimmeres

hört man aus Italien. Der Norden sprach und
spricht vom Gegenteil, denn während Italien fast
ertrank, sonnte ich mich fortwährend an den nicht
erbleichenden Strahlen lappländischer Sonne [1]).
Es ist ein sonderbares Jahr, eine sonderbare, fast
rätselhafte Zeit!

Sie tun sehr recht, sich den anregenden und
vielsagenden Briefen Goethes und Schillers wieder
hinzugeben, wie ich fühle, recht getan zu haben,
in gleicher Zeit „Wahrheit und Dichtung" wieder
vorzunehmen, ist doch Goethe der Geist, den ich
absolut immer nötig habe, um mich weiterzu=
bilden, und um das Leben möglichst richtig zu ver=
werten. Mit Ihnen glaube ich, daß beiden — Goethe
wie Schiller — durch die geringere Zersplitterung
ihrer Zeit geholfen wurde; mit mir aber werden
Sie indes gewiß auch glauben, daß wenige so richtig
das Leben zu nehmen wußten als diese, Goethe
namentlich, der in seinem

„Frei gesinnt, sich selbst beschränkend"
das Geheimnis seiner Lebensweisheit predigt.

108.

Weimar, 31. Dezember 1882.

Ihre gütigen Zeilen von dem 29. v. M. ver=
pflichten mich zu dem herzlichsten Dank, die
„Springflut", mit welchem Worte Sie so richtig

---

[1]) Während einer Anwesenheit in Rußland.

den morgenden Tag charakterisieren, nötigt, auch den
Ausdruck meiner Erkenntlichkeit kurz zu fassen.
Letzterer ist mithin das Gegenteil meiner Emp=
findung für Ihre immer sich gleichbleibende Güte
und freundschaftliche Teilnahme für mich. Ent=
nehmen Sie hieraus, wie herzlich meine Glück=
wünsche für Sie sind, die Gott segnen möge, wie
egoistisch ich es meine, wenn ich um fernere Ge=
sinnungen, wie die bisherigen waren, bitte.

Bei meinem nächsten Erscheinen in Berlin, so
Gott will, werde ich Ihnen dies mündlich wieder=
holen. Dann auch werde ich versuchen, die beiden
Bildhauer Römer und Siemering kennen zu lernen.

Indessen werden längst meine Wartburgsprüche
und zerbrechliche Waren bei Ihnen sein.

Für heute nun bitte ich, „hoch und höchst mich
zu entlassen". Ich habe nur noch die Zeit, Ihnen
zu sagen, daß ich bleibe   Ihr dankbarer C. A.

Das „Stilgemäße" selbst im Papier ist ein
Beweis, daß die Mode unberechenbar ist.

109.

Weimar, 20. März 1883.

Sie wissen es wohl! — Sie haben sich nicht
geirrt: Sie haben ihn behalten [1]). Er aber dankt

---

[1]) Auf einen Brief vom 18. März 1883, in dem es
heißt: „Ich las neulich in meinen alten Briefen an Stahr die
Schilderung des Abends, an welchem Sie die Gnade hatten,
mich im Jahre 1848 im ‚Erbprinzen' zum ersten Male auf=

Ihnen, und das von Herzen, für so freundschaftliche
Gesinnungen. Erhalten Sie mir diese — darum
bitte ich! Entnehmen Sie nun aus dem Gefühlten
die Wärme meiner Glückwünsche für Sie! Möge
Gottes Gnade in dem neuen Lebensjahre Ihnen
Gesundheit und Freude am Schaffen erhalten! Den
Beweis von letzterem, den Sie so gütig sind, mir
zu senden[1]), habe ich soeben und mit rechter
Freude gelesen, denn er bringt Wahrheit in schöner
Form, und der Humor hat das Paar kopuliert.
Und nun lassen Sie mich noch ein paar Worte
hinzufügen: sonst, in den Zeiten, aus denen wir
müssen das „Stilvolle" entlehnen, also bis zum 17.,
ja 18. Jahrhundert, baute man von innen nach
außen; jetzt geschieht es umgekehrt: man baut von
außen nach innen. Sonst war die Einrichtung der
Ausdruck der charaktervollen Zeit; jetzt sucht sie
nach einem Charakter — die Einrichtung —, weil
die Zeit selbst keinen Charakter hat. Dabei ist

---

zusuchen. Sie ist voll Freude über Ihre Warmherzigkeit, über
Ihre Liebe für das Große und Schöne — und schließt mit den
Worten: ‚Ich hoffe, den behalte ich!' Verzeihen Sie diesen
für die größte Vertraulichkeit geschriebenen Ausdruck um des
wohltuenden Gedankens willen, daß diese Hoffnung sich bewahrheitet hat durch Ihre Gunst. Eine Frau, die, wie ich, nur noch
wenig Tage von der Vollendung ihrer 72 Jahre fern ist, der
erlaubt man schon etwas, und da Sie mir wohlwollend geblieben
sind von 1848 bis auf diese Stunde, so erhalten Sie mir dies
Glück auch ferner, so kurz oder lang es mir vergönnt sein mag,
mich desselben zu erfreuen."

[1]) Über „Stilvolle Wohnungen".

dieses Charakterlose der Einrichtungen, dieser Mangel
an Naturwüchsigem doch sehr charakteristisch für
die Zeit, wie der Realismus in der Kunst, der zur
Apotheose des absolut Häßlichen treibt. Es ließe
sich darüber noch viel sagen, ich wage aber nicht,
und noch dazu einem Autor wie Sie gegenüber,
Ihnen die Zeit zu rauben, um so weniger, als
Sie vortrefflich gesagt, was Sie so richtig erkannt
haben. Von besonderer Wichtigkeit dabei ist das,
was Sie über die Notwendigkeit sagen, den Un-
bemittelten müsse die Verbindung der Kunst mit
der Industrie zugunsten kommen — nicht minder
als den Reichen. Das ist eine Aufgabe für unsre
hiesigen Industriellen, der ich meine Aufmerksamkeit widmen will. Ist etwas gelungen, erbitte ich
mir Ihr Urteil hier, an Ort und Stelle. Einstweilen und immer bleibe ich hier wie überall

Ihr Ihnen von Herzen angehöriger   C. A.

110.

Weimar, 20. Juli 1883.

Mit dem aufrichtigen Wunsche, daß Ihnen die
Sommerfrische in Bodenbach so gut tue, als Sie
es hoffen, erwidere und danke ich für den Brief,
welchen mir der gestrige Tag aus jenen Gegenden
brachte, die ich bisher immer nur als Eisenbahn-
station mit verstaubten Reisenden, nicht als Ruhe-
punkt kannte. Wie dem nun auch sei, so scheint
mir die Aussicht auf einen Aufenthalt in Ragaz

lockender als die Gegenwart zwischen Eisenbahn=
zügen. Die Gegenwart Ihrer Schwester wird Ihnen
letztere — die Gegenwart nämlich — versüßen, und
die Wahl der Bücher, die Sie, meine Hochverehrte,
zu lesen beabsichtigen, wird hierzu auch beitragen.
„Das Leben und die Schriften Mercks"[1] kenne ich
nicht, wohl aber eine andre Biographie desselben
Mannes und manche seiner ungedruckten Briefe,
die seinen scharfen Blick und spitzes Urteil kenn=
zeichnen und wohl erklären, daß er von meinem
Großvater und Goethe gern begegnet wurde. Über
Novalis hat eine Nichte, Frl. von Hardenberg, eine
sehr anziehende Lebensbeschreibung geschrieben, die
in ihrer zarten Auffassung zu dem zartbesaiteten
Dichter paßt[2].

Das Bild des Dichters der revanche[3] ist ein
charakteristisches für das jetzige Frankreich; ich
wüßte in diesem Augenblick nicht, welchen Autor
Deutschlands ich zu gleicher Zeit wählen sollte, um
uns in unsrer größten Gefahr: „der zersetzenden
Parteiungen", zu malen. Dies sind unsre wahren
Feinde, von denen uns die größten Gefahren um
so mehr drohen, als wir nichts tun, um sie zu be=
seitigen. Könnte dies mit Monumenten und Aus=

[1] Adolph Stahr, Johann Heinrich Merck, Ausgewählte
Schriften zur schönen Literatur und Kunst. Oldenburg 1840.

[2] Friedrich von Hardenberg, genannt Novalis. Eine
Nachlese aus den Quellen des Familienarchivs, herausgegeben
von einem Mitgliede der Familie. Gotha 1883.

[3] Paul Deroulède, Stifter der Patriotenliga.

stellungen geschehen, wäre uns geholfen. Die
Berliner habe ich nicht besucht, weil ich sie nicht
in Ruhe hätte sehen können.

111.

Weimar, 12. Dezember 1883.

Sie sind wie die Natur, die immer wohltuend
wirkt und der man immer zu danken hat. Sind
meine Briefe eintönig, so tragen Sie, meine
Gönnerin, die Schuld daran, denn stets habe ich
Ihnen zu danken. Und nun erst heute, wo ich
soeben das Werk[1]), das Ihre Güte mir bestimmt,
erhalte, und überdies begleitet von so herzlichen
Worten, die Sie mir unter Gefahr, Ihren Augen
zu schaden, schreiben! Ich glaube fast, daß meine
Angst größer als meine Dankbarkeit ist. Beiden
aber gebe ich Ausdruck; ich habe ein Recht, zu verlangen, daß Sie auch für mich sich pflegen, denn
wenn man Freunde hat, muß man auch für diese
sich erhalten, denn wir gehören mit einem Teil
ihnen an. Erlauben Sie mir nun demgemäß, Sie
zu bitten, sich an das Vorlesen, an das Diktieren
zu gewöhnen. Daß bei letzterem die Elastizität des
Geistes nicht zu Schaden kommt, hat Goethe bewiesen, der fast immer, selbst Briefe, diktierte und
diese Art sich auszudrücken für „einen unberechen-
baren Vorteil" — dies sind seine Worte — er-

---

[1]) Stella. Roman von Fanny Lewald. Berlin 1883.

klärte. — Schon durch die Zeitungen bin ich auf
„Stella" aufmerksam. Das Lob, das in den Blättern
dem Werk voranging, war ein so vollkommenes,
daß ich — hätte ich nicht das Glück, Sie zu kennen —
schon jener Preisung wegen an jenes Werk heran=
getreten wäre. Mit um so größerer Erwartung
tue ich es jetzt und freue mich im besonderen auf
das vortreffliche Deutsch, das kaum einer vater=
ländischen Feder so entfließt wie der Ihren.

Ihr letzter Brief war aus Bodenbach; dann sagte
mir eine Zeitung, Sie wären in Ragaz; vor ein
paar Tagen Fürst Handjery, er habe Sie gesprochen.
Dies sind die Etappen bis zu dem heutigen Brief.
Ich indes begleitete die Großherzogin im Frühjahr
nach Polen, ihr bei der Übernahme ihrer Güter
daselbst zu helfen; dann später meine jüngste Tochter
in das Seebad von Trouville; endlich folgte ich dem
Kaiser zu den Manövern nach Homburg, zu der
Enthüllungsfeier auf dem Niederwald. Ich mußte
später nach Schlesien und jetzt für — fast nur
Stunden — nach Wusterhausen und Berlin. Ich
sage „Stunden"; wären es Tage gewesen, sagte ich
Ihnen dies alles mündlich.

Ich schließe mit dem herzlichen Wunsch, daß
Gott Ihnen ein recht gesegnetes Jahr schenken, Sie
also befreien möge auch von der letzten Spur über=
standener schwerer Prüfung. Das Werk „Über
Goethes Religionsanschauung[1])", das ich lebenso=

[1]) W. Reveling, Die religiöse Weltanschauung Goethes.
Barmen 1884.

wenig kenne wie das andre, dessen Sie Erwähnung
tun, wird uns gewiß die nützlichsten, praktischsten
Beispiele geben, wie Goethes Geist Gott durch die
weise Benutzung der Kräfte anbetete, die er von
ihm erhalten. Es bleibt dies immer des Lebens
schönste Aufgabe.

Lassen Sie mir nach einiger Zeit — diktierte —
Kunde zukommen, ob die aufrichtigsten Wünsche für
Ihr Wohl sich erfüllt haben, die für dasselbe hegt

Ihr dankbarer C. A.

112.

Weimar, 18. Januar 1884.

Sie werden es gewiß natürlich finden, daß ich
„Goethe in Heines Werken" erst kennen lernen
wollte, ehe ich für die Übersendung des Werkchens
dankte. Um so herzlicher tue ich letzteres heute,
wo ich ersteres getan habe. Ich bitte Sie, meine
Hochverehrte, Herrn Robert-Tornow[1]) all meine
Erkenntlichkeit in meinem Namen aussprechen zu

---

[1]) Walter Robert-Tornow, geb. 14. Juli 1852 auf dem
Gute Ruhnow in Pommern, gest. in Helgoland 17. September
1895, von Kaiser Friedrich III. zum Bibliothekar der Königlichen Privatbibliothek ernannt, auch in weimarischen Kreisen
bekannt, beschäftigte sich eingehend mit Goethe, gab nach Stahrs
Tode dessen Werk über Lessing neu heraus. Über Robert-
Tornow: Herman Grimm, Fragmente, Berlin und Stuttgart.
1900. Bd. I. S. 389 ff.

wollen für die Aufmerksamkeit, die er mir durch
Übersendung seiner Arbeit, und noch dazu durch
Ihre gütige Vermittlung, erwiesen; nicht minder
für das eigentümliche Interesse, das ich empfand,
diese unwillkürlichen und daher um so wichtigeren
Selbstbekenntnisse des Heineschen Geistes zu empfangen, die er macht, indem er Goethe beurteilt,
bald bewundernd, bald beneidend, bald deshalb er-
zürnt, endlich doch von der Wahrheit überwältigt.
Diese Zusammenstellung ist nach beiden Geistern
hin — dem Goethes wie dem Heines — von Bedeutung, nach der des letzteren besonders, und
freue ich mich aufrichtig dieser Veröffentlichung.

Ich schließe mit dem noch aufrichtigeren
Wunsch, daß diese Zeilen Sie bei gutem Wohl-
sein treffen möchten, ein wahres Kunststück in
diesem sonderbaren Winter, wo jeden Morgen und
jeden Abend die eigentümlichsten Lichterscheinungen
die ungesundeste Luft beleuchten. Die Gelehrten
versichern, daß dies noch die Folge der Katastrophe
von Krakatau[1]) sei oder wir uns im Schweif
eines Kometen befinden, der seinen Kopf verloren.
In beiden Ansichten finde ich keinen Trost für
Husten und Schnupfen, kaum ein Interesse. Ein
großes aber habe ich stets, Sie gesund und tätig
zu wissen.

— —

[1]) Eine kleine Insel zwischen Java und Sumatra, die
durch Erdbeben (August 1883) fast ganz versank.

113.

Im römischen Haus zu Weimar,
23. Juni 1884.

Da eben mir ein freier Augenblick gegönnt
ist, so lassen Sie mich ihn benutzen, um von
klassischer Stätte Ihnen für Ihren heute morgen
erhaltenen Brief zu danken. Ich tue es herzlich,
denn nicht anders kann ich Ihnen gegenüber fühlen,
also reden, die Sie immer so gut und wahr es
mit mir meinten und meinen. Erhalten Sie mir
diese Gesinnungen, und Sie werden sie mir er=
halten, da Sie mir Gutes wünschen. Gebe Gott
seinen Segen diesem „Guten", also auch meinem
guten Willen. Dieser ist selbstverständlich in meiner
Seele mit Wirken und Streben; zu beiden aber ist
das „Muß" ein zwar oft strenges, immer aber
heilbringendes, wahres Glück. Ich empfinde dies
tief und danke Gott.

Ich freue mich mit Ihnen der Übersetzung
Ihres vortrefflichen Romans, den ich mit Spannung
nunmehr kennen lerne. Dieses Ihnen mündlich
— und noch mehr — zu sagen, ist mir im voraus
eine Freude. Wann? Das ist die Frage, welche
der letzte der Minnesänger, der Wolkensteiner Os=
wald, schon als Devise auf seine Harfe setzte, wie
sie dies auf der Wartburg beweist. Ich kann nur
antworten, daß ich wohl weiß, was ich möchte,
und was man mir zu tun ratet, nicht aber,
was ich kann. Wann es auch sei, bleibe ich immer
Ihr ergeben dankbarer C. A.

114.

Wilhelmsthal, 15. Aug. 1884.

Für Ihre gütige Teilnahme an meinem
Unwohlsein, deren Beweis mir Ihr Brief aus
Scheveningen brachte, eile ich, Ihnen meinen herzlichen Dank auszusprechen. Er hat mich ebenso
gerührt wie erfreut, denn wohl weiß ich, weil ich
es fühle, wie gut Sie es mit mir meinen. Ein
plötzlicher Fieberanfall ward, Gottlob, rasch über-
wunden. In meiner Rekonvaleszenz war „Stella“
meine Lieblingsbeschäftigung. Mein Wohlbefinden
wuchs mit dem Interesse, das mir durch Ihr Werk
gebracht wurde, das an psychologischer Beobachtung
und Entwicklung so reiche wie fesselnde. Nun
geht es mir wieder gut, doch gehe ich vorsichtig
mit „Wollen“ und „Können“ um. Solche Vorsicht
paßt zu dem Lande, wo meine Erkenntlichkeit Sie
aufsucht; denn Vorsicht ist die Grundbedingung der
Existenz desselben seit Jahrhunderten und bleibt
ein charakteristisches Zeichen seiner Geschichte. Ich
wünsche, daß Sie sich die Muße gönnen, dies merkwürdige Land wie eigentümliche Volk näher kennen
zu lernen; denn beides bietet ein immer fesselndes
Interesse. Ein großes finde ich indessen an dem
vielversprechenden Unternehmen des Herrn Lüderitz
wie an seiner Persönlichkeit[1]). Ich hoffe Gutes
von beiden zum Besten des Vaterlandes.

---

[1]) Die Kolonisationsversuche des Bremer Kaufmanns
Lüderitz in Afrika (Kamerun).

Ich schließe, womit ich begann, mit meinem herzlichen Dank und in alter Ergebenheit.

115.

Weimar, 17. Febr. 1885.

Auf diesem zwar minder schönen, doch nicht minder bedeutungsvollen Bogen[1]) lassen Sie mich — endlich — für den Brief und seine Glückwünsche danken, welche Sie unter dem schön gelungenen Stiche des Goethe=Monuments — unter dieser Bedeutung Schutz — an mich richteten. Das Wort „endlich" umhüllt alles, was ich zu meiner Entschuldigung sagen könnte und möchte. Es rächt sich immer im Leben — zum wenigsten meist — wenn man nicht gleich tut, was man gleich tun könnte. So ging es mir mit meinem Dank; die kleine Unterlassung ward zur Lawine, aus der ich erst heut mit aller Energie mich rette. Zum Glück glauben wir uns so herzlich und gegenseitig alles Glück, daß wir uns wünschen, daß es zwischen uns keiner neuen Beteuerungen bedarf. — Goethe sagt: man solle immer das Nächste tun. Ich denke, daß man sich auch immer das nächste Gute wünschen muß. Und so wünsche ich Ihnen den Umzug in das neue Quartier baldigst und glücklich überstanden zu haben. Ist er erfolgt, so geben Sie mir gütigst und genau Ihre neue Adresse an, denn

---

[1]) Mit der Vignette der Wartburg.

meine alten Gewohnheiten, Sie aufzusuchen, gehen Ihnen nach: dies müssen Sie sich gefallen lassen.

Ihre Wünsche kamen, wie Sie es so richtig berechnet, nach der Sturmflut des Neujahrs; sie waren mir um so willkommener. Das „Insich=leben", das Sie so richtig zum „Lebensgenusse" rechnen, ist mir durch Ihren Brief, meine verehrte Freundin, erleichtert und erhöht worden. Lassen Sie sich durch dieses Bekenntnis danken.

Ich freue mich, daß Sie meinen Bibliothekar Voß[1]) kennen und erkennen lernten. Ich schätze ihn und hoffe, mit Gottes Hilfe, ihn zu fördern. Er ist ein junger Mann von ungewöhnlicher Be=gabung, die mir reicher zu sein scheint, als die Welt sie vermutet.

„Aus zwei Welten" kenne ich nicht, dagegen kenne und schätze ich die gekrönte Autorin, dies Phänomen unter den Fürstinnen — und vielleicht Autorinnen[2]). Meine besten Wünsche umgeben unsre beste Schriftstellerin der Gegenwart; sie soll den Mut nicht sinken lassen bei dem Romane, der sie jetzt beschäftigt. Wer sie ist, überlasse ich Ihnen zu erraten.

116.

(Berlin), 24. März 1885.

Unter Bündnisse und Dekrete setzt man Siegel und Unterschriften zur Bekräftigung der Wahrheit.

---

[1]) Der Großherzog hatte Richard Voß zum Bibliothekar der Wartburg ernannt.

[2]) Königin Elisabeth von Rumänien.

So setze ich mein Bildnis und meine Unterschrift als Bekräftigung der Herzlichkeit meiner Glückwünsche für Sie unter den Ausdruck der Gesinnungen, die ich für Sie hege. Sie aber, verehrte Gönnerin, werden vollkommenen Glauben schenken   Ihrem aufrichtig ergebenen C. A.

117.

Wartburg, 27. April 1885.

Zunächst lassen Sie mich Ihnen recht sehr für die Teilnahme danken, die Sie in Ihrem Briefe vom 19. d. M. dem schweren Verluste weihen, der mich betroffen[1]. So aber nenne ich ihn, weil ich die Trennung von einem treuesten Freund beklage, dessen Seelenadel und seine Bildung mit dieser Freundschaft den immer neuen Reiz liebenswürdigen Umgangs verband. Er hat seiner Anhänglichkeit den wahrsten Stempel aufgedrückt, indem er der Großherzogin wie mir sein Vertrauen vermachte: ihr das Archiv Goethes und seiner Familie, mir die Verwaltung der Goetheschen Sammlungen. Gott möge uns in der Erfüllung dieser neuen, auf die gesamte gebildete Welt sich beziehenden Aufgaben leiten.

Sodann danke ich Ihnen für all Ihr Interesse an dem Unternehmen, die Geschichte der vielsagenden Mauern zu schreiben, von denen aus ich

---

[1] Durch den Tod Walter von Goethes am 15. April 1885.

diesen Brief Ihnen, meine verehrte Freundin, sende.
Es versteht sich von selbst, daß ich von dem Biblio=
thekar dieses Schlosses, daß ich von Richard Voß nur
verlangt habe und nur verlangen kann, seine Talente
der Art der Behandlung des Gegenstandes zu
weihen, die der Eigentümlichkeit ersterer entspricht.
Eine nur archivalische Arbeit verlangen, hieße seine
Talente mißverstehen. Er selbst dürfte und würde
sich hierzu auch durchaus nicht verstehen. Je höher
man einen Menschen schätzt, je mehr muß man seine
Individualität achten.

Ich denke der Ihrigen mit wirklichem Anteil
und nicht ohne Besorgnis bei der teils über=
standenen, teils zu überstehenden Trennung von
der Bibliothek Ihres Gatten zuerst, von Ihrer
Wohnung sodann [1]). Man denkt hundertmal an
eine zu überwindende Unannehmlichkeit; steht man
vor ihr, so ist es, als ob man sich selbst erst
kennen lernen müsse. Lassen Sie mich durch eine
Zeile wissen, daß und wann alles glücklich über=
standen ist.

---

[1]) Frau Fanny Lewald=Stahr vertauschte ihre Wohnung
Matthäikirchstraße 21, welche sie seit Anfang 1860 inne=
gehabt hatte, mit einer Wohnung Bendlerstraße 21. In der
neuen Wohnung fand die Bibliothek Stahrs keinen Platz, und
sie schenkte dieselbe dem Gymnasium in Oldenburg. Das Haus
Matthäikirchstraße 21 wurde abgebrochen, um dem Neubau des
Märkischen Provinzialhauses Platz zu machen. In den ersten
Jahren ihrer Verheiratung wohnten Stahrs Leipziger Platz 3.

118.

Weimar, 15. Mai 1885.

Vor allen Dingen lassen Sie mich Ihnen Glück wünschen, daß Sie den Wohnungswechsel überstanden haben. Neben der physischen Abmühung handelt es sich hierbei um die Pein, sich von Ört= lichkeiten zu trennen — und in diesem Fall für immer —, an die sich teuere Erinnerungen heften. Sie werden hundertmal diese Trennung sich vor= erzählt, vorgemerkt haben; das Eintreten des Moments selbst bringt doch sein Recht an unsern Schmerz. Möge Gott es Ihnen gut gehen lassen in der neuen Wohnung und Ihnen gute Gesund= heit erhalten und freudige Arbeit schenken.

Und nun danke ich herzlich für Ihre Schenkung getaner Arbeit. Mit Freuden habe ich Ihr Buch[1]) empfangen, und mit Ungeduld erwarte ich die ruhige Zeit, wo ich es lesen werde.

Ich lege indes die Nachricht bei, welche sich auf die Lutherfestspiele[2]) in Jena bezieht, wie ich es Ihnen versprach. Sollten Sie wünschen, einem derselben beizuwohnen, so bitte ich um genaue An= gabe der Zeit Ihrer Ankunft, damit ich Ihnen einen guten Platz sichern könne.

Im Geist besuche ich Sie bereits in Ihrer

---

[1]) Im Abendrot. Kaleidoskopische Erzählung in 16 Briefen. Dresden und Leipzig 1885.

[2]) Von Dr. Otto Devrient verfaßt und in Szene gesetzt.

neuen Wohnung, im Körper hoffe ich es, so Gott
will, ebenfalls zu tun.

119.

Belvedere, 23. Juni 1885.

Empfangen Sie sogleich, verehrte Freundin,
meinen doppelten Dank für Ihren soeben in meine
Hände gelangten Brief, für diesen im allgemeinen,
für Ihre Glückwünsche im besonderen. Letztere
aber von einem so klaren Geist ausgesprochen zu
bekommen, wie der Ihrige es ist, erscheint mir
von guter Vorbedeutung, die Gott segnen möge!
Und diese Vorbedeutung trifft mich zu einer
Epoche, wo, wie Sie teils erfahren, teils sich gesagt
haben werden, besondere und ernste Pflichten durch
das Testament des letzten Enkels Goethes an mich
herangetreten sind, Pflichten, die allmählich ihrer
Natur nach zu wachsen haben werden, denn sie
beziehen sich nicht bloß auf mein Land, nicht bloß
auf Deutschland, sondern auf die ganze gebildete
Welt. Daß die Großherzogin sich dieser Pflicht-
bedeutung auch vollkommen bewußt ist, werden Sie
mir glauben, und wird sie, so Gott will, durch
Verwaltung des ihr zugefallenen Erbteils beweisen [1]). Deshalb können Sie auch überzeugt
sein, daß die Würde des hohen Namens, dem jenes

---

[1]) Die Gründung und Ausstattung des Goethe-Schiller-
Archivs in Weimar legt davon Zeugnis ab.

Archiv entstammt, stets gewahrt und bewahrt bleiben wird. Wie nötig dies gegenüber der Neugierde und Kritik der Welt, richtiger gesagt: der Alltäglichkeit derselben, ist, werde ich Ihnen nicht zu erklären brauchen.

Ich aber brauche die Überzeugung zu gewinnen, daß Sie sich sorgfältig diesen Sommer gönnen, was Ihre Gesundheit erfordert. Es nicht getan zu haben, zog die Katastrophe herbei, die meinem Neffen[1]) das Leben, der Armee einen tüchtigen Heerführer kostete, dessen Armeebefehl Sie so richtig hervorheben. Gönnen Sie also meinen Bitten Erhörung als Beweis der Fortdauer Ihrer Freundschaft.

120.

Belvedere, 14. Juli 1885.

Sie wünschen mir, daß ich mir mein festes Herz bewahre! Ich hoffe zu Gott, daß er mir dazu verhilft, nachdem er so sichtlich mein Kind[2]) aus größter Lebensgefahr gerettet und es seitdem in der Besserung fortschreiten läßt. Es war eine schwer zu durchleidende Woche, die fast unmittelbar den Goethetagen folgte. Das Beispiel Goethes lehrt die Ereignisse sich möglichst zurechtzulegen und über denselben zu stehen, doch in der Angst und im Kummer ist es, als ob man vor einer

---

[1]) Prinz Friedrich Carl von Preußen war am 15. Juni 1885 gestorben.
[2]) Die Prinzessin Elisabeth war schwer erkrankt.

Mauer stünde, und die Gegenwart spottet des ordnenden Willens.

Nun allmählich kommt man wieder zu einer gewissen Regelmäßigkeit und Beruhigung, und mit der Hoffnung kehrt die Freude an Tätigkeit zurück.

Nehmen Sie meinen herzlichsten Dank für Ihre teilnehmenden Zeilen auch im Namen der Großherzogin. Gottlob geht es uns beiden physisch wohl und können wir wirken und schaffen.

121.

Wartburg, 13. Nov. 1885.

In früher Morgenstunde — es ist eben 7 Uhr — lassen Sie mich Ihnen, meine Hochverehrte, herzlich für Ihren gestern erhaltenen Brief danken. Er erfreut mich mit Recht, denn er bringt gute Nachrichten betreffs Ihrer Gesundheit und den Beweis Ihrer fortwährenden geistigen Tätigkeit, und beides bildet immer den Hintergrund aller guten Wünsche, die man hegen kann. Gott möge Ihnen beides erhalten: körperliche Gesundheit, geistige Tätigkeit. Auf den Beweis der letzteren, auf den Roman, bin ich gespannt, namentlich auch, weil Sie einer der Geister sind, die immer zur Vervollkommnung streben. Ihr eigenes Bekenntnis, „immer gegenüber von sich kritischer zu werden", ist hiervon ein Beweis, und dazu wünsche ich Ihnen Glück. Wer dies tut, verwertet das große und wichtigste Gut: das Leben.

Ich danke Ihnen sehr für Ihren Anteil an meinen Schicksalen. Gottlob geht es uns allen gut: der Großherzogin und unsrer Tochter in Gries bei Botzen, nachdem letztere eine Zeitlang bei mir, hier auf der Wartburg, gewohnt hatte, und mir hier oben. Es scheint mir, als ob die Kur auf dem Lido und der Aufenthalt in Venedig mir gut bekommen sei, in geistiger Hinsicht in jedem Fall, denn das längere Weilen in einem seltsamen Ort, der keinem andern gleicht, ist mir eine wahre Wohltat und Erfrischung gewesen. Da mir Venedig immer sympathisch war, so habe ich mit doppelter Freude in ihm eine Art Aufschwung bemerkt, namentlich in industrieller Hinsicht. Dabei restauriert die Regierung fortwährend weiter mit großer Gewissenhaftigkeit, und auch dies ist eine Freude zu sehen.

Ich aber werde eine besondere haben, Sie in Ihrer neuen Wohnung aufzusuchen. Bis dahin, so Gott will, wird es gelungen sein, die verschiedenen Gelüste auf politischem Gebiet zu dämpfen, und wir werden ruhig zusammen plaudern können wie die guten Bürger im Faust, „während die Schifflein den Fluß hinuntergleiten". Leben Sie indes wohl und tätig — dies wünsche ich in immer treuer Gesinnung.

122.

(Berlin), 5. Jan. (1886).

Hier ist der Aufsatz der „Weimarer Zeitung", dessen ich gestern bei Ihnen Erwähnung tat. Er

15*

wird Ihnen Freude machen, denn er bringt die Beredsamkeit der Wahrheit in willkommener Gestaltung [1]).

Der Kaiserin habe ich gestern abend gesagt, welchen Auftrag Sie mir für dieselbe gegeben hatten. Sie wünscht, daß ich Ihnen all ihren herzlichen Dank ausspreche, einen Dank, der vollkommen der Freude entspricht, den sie empfand, als ich jenen Auftrag ihr gegenüber erfüllte.

Ich aber wiederhole meine Neujahrswünsche, welche ich in dem zusammenfasse, daß Gott Ihnen ein dem Geiste wie Körper günstiges, glückliches Jahr schenken möge.

123.

Bordighera (Hotel Bordighera), 20. März 1886.

Soeben habe ich den Brief gelesen, durch welchen Sie mir nach Weimar Mitteilung des schweren Verlustes machen, den Sie erlitten [2]), und auf meine Teilnahme rechnen. Daß Sie aber dies alles, das letztere besonders, tun, rührt mich, und um so herzlicher ist mein Dank. Nichts ehrenvoller

---

[1]) Vielleicht „Die Wiederherstellung des Hochmeisterschlosses in Marienburg. Von Max Zimmermann." In der „Weimarischen Zeitung" vom 3. Januar 1886 (Sonntagsbeilage).

[2]) Durch den am 8. März 1886 erfolgten Tod ihrer jüngeren Schwester Henriette Lewald.

wüßte ich, als wenn das Vertrauen im voraus
auf das Mitgefühl baut. Zwar habe ich nicht die
Ehre gehabt, die Verstorbene zu kennen, allein Ihr
Schmerz läßt mich die Vorzüge derselben erkennen.
Möge Gottes Beistand, nachdem er Sie geprüft,
Ihnen in reichstem Maße werden. „Abgewischt
werden einst alle Tränen," so verspricht die Heilige
Schrift; diese aber ist wahr, denn sie sagt die
Worte Gottes, also die Wahrheit. — Das augen=
blicklich Schwerste zu ertragen, müssen Sie die be=
gonnene Arbeit womöglich nicht fliehen, müssen,
wenn es Ihnen unausführbar erscheint, nach einer
andern sich umsehen. Das „alte Hausmittel"
nennt Goethe diese Verfahrungsart. Er aber ver=
stand es, das Leben zu behandeln und seine Seele
durch das Leben, an dem Leben, zur Vollendung
heranzubilden. Egoismus nannte die Torheit oder
der Neid seine Objektivität. Sie war dennoch nur
das richtige Mittel zum erhabenen und erreichten
Ziel. Sodann möchte ich Sie diesem entsetzlichen
Winter entrückt sehen; die beispiellos strengen Be=
dingungen desselben müssen doppelt schwer auf
Ihnen lasten. Ich kann mir dies um so deutlicher
vorstellen, seitdem ich ihm entronnen bin. Bis hart
vor Genua verfolgte er uns, in der Lombardei, in
den Apenninen lag mehr Schnee als in Teutschland.
Dieses schreibe ich seit achttägigem Frühjahr und
aus einem Zimmer, dessen Fenster auf einen
Palmengarten sich öffnet. — Möchten diese Zeilen
Sie schon beruhigter antreffen. Von Herzen wünsche
ich dies Ihnen.

124.

Lugano, 28. April 1886.

Ihr gestern erhaltener Brief bringt mir Ihre Glückwünsche [1]), und für diese danke ich um so herzlicher, als ich an die Wirksamkeit aufrichtig gemeinter Wünsche glaube. Dies aber sind die Ihrigen. Ich danke Gott, meine Tochter glücklich zu sehen. So darf ich, so will ich bei dem Verlust, den die Trennung bringt, nicht weilen.

Sie in fortwährender Tätigkeit zu wissen, ist mir eine wahre Freude, denn es beweist Ihr Wohlbefinden. Die Tätigkeit aber ist die Grundbedingung für letzteres. Meine Pflichten zu der meinigen — zunächst die Pflichten, welche die Goethesche Erbschaft mir auferlegt — rufen mich jetzt nach Deutschland zurück — Gottlob, daß es Pflichten, und zwar diese sind — der Abschied von Italien würde mir sonst zu schwer.

In unveränderter alter Anhänglichkeit Ihr

C. A.

125.

Belvedere, 10. Juni 1886.

Noch nachträglich muß ich um Vergebung bitten, daß ich neulich zu so später Stunde mich bei Ihnen ansagte, allein zu meinen gewöhnlichen

---

[1]) Zur Verlobung der Prinzessin Elisabeth mit dem Herzog Johann Albrecht von Mecklenburg-Schwerin.

verwandtschaftlichen Pflichten in Berlin kamen
diesmal noch diejenigen der Ausstellung hinzu, so
daß nur die späte Abend= und frühe Nachtstunde
— jene, die ich bezeichnen ließ — diejenige war,
die ich eine für mich freie nennen konnte. Sehr
bedauere ich, Sie leidend zu wissen, und Sie nicht
gesehen zu haben, ebensosehr. Beides wird Ihnen
keine Mühe machen, mir zu glauben. Hätte ich
Sie gesprochen, würde ich Ihnen mündlich die wahre
Achtung ausgedrückt haben, welche mir Ihr Neffe
Gurlitt[1]) einflößt, der seine Räume mit wahrem
Kunstsinn, seine Bildung dem Besten der Kunst
und mit wahrer Vaterlandsliebe dem Besten der
vaterländischen Kunst öffnet. Meine Achtung hat
sich, seit ich Ihren Brief vom 5. d. M. erhielt, ge=
steigert, denn die Einzelheiten, welche dieser mir
über die Mühseligkeiten bringt, welche Ihr Neffe
bei dem Durchführen seiner Absichten zu überwinden
hat, beweisen mir, wie ernst er seine sich selbst ge=
setzte Aufgabe nimmt.

Sie sprechen von einer gedruckten Anlage, die
Sie mit dem Titel „Reiche Bettler" bezeichnen.
Diese habe ich bis heute nicht erhalten. Hier er=
warte ich dieselbe, hier erhielt ich Ihren Brief,
hier — zu Belvedere — hat er mich, Gottlob, in
voller Tätigkeit gefunden. Sie aber ist mir die
Grundbedingung der Existenz und die möglichste
Harmonie der Tätigkeit die Grundbedingung des

---

[1]) Der Begründer des Gurlittschen Kunstsalons in Berlin.

Wohlbefindens. Mein Meister, Goethe, lernt es uns allen, die wir leben, also streben und mithin arbeiten. Es möge der Sommer Ihnen diese harmonische Tätigkeit recht genießen lassen, dies wünsche ich Ihnen herzlich. — Die Gräfin Kalk=reuth kennen zu lernen, war mein Wunsch; Ihre Empfehlung macht aus dem Wunsch nun ein Streben. Einer andern Empfehlung — der betreffs „Vetter Roberts"[1] — verdanke ich eine Bekannt=schaft, die mich fesselte, denn sie tritt — sehr — hinaus aus dem Kreise dessen, was die Welt meist bringt, und mit ihm sein literarisches Unternehmen. — Und nun Gott befohlen! Ich empfehle mich der Fortdauer Ihres Andenkens und Ihrer freundschaft=lichen Teilnahme!

126.

Belvedere, 23. Juni 1886.

Herzlich zwar, wenn auch nur in wenig flüchtigen Worten, lassen Sie mich für Ihren so=eben erhaltenen Brief danken. Aufrichtige Wünsche geben auf Erfüllung die meiste Hoffnung. So danke ich in und mit dieser Ihnen um so lebhafter. Ihre Sendung begleitet mich heute nach Dornburg[2],

---

[1] Gemeint zu sein scheint Robert Simson in Breslau, ein Vetter Fanny Lewalds und in seinem Fach namhafter Eisenbahnbeamter. Um was für ein literarisches Unternehmen es sich handelt, erhellt nicht.

[2] Der Großherzog pflegte in seinen späteren Lebensjahren seinen Geburtstag (24. Juni) auf Schloß Dornburg an der

wohin ich für diese Zeit so gern fliehe, und wohin der beginnende Aufbruch mich mit der Feder über dies Blatt eilen läßt, da ich keinerlei Schulden liebe, weder finanzielle noch epistolare.

Die günstigen Urteile Abekens[1]) erstaunen mich. Ich konnte nur immer die Art und Weise loben, mit der er oft vermittelnd eintrat, wo die Leidenschaften der gewaltigen Zeit aufregten und kämpften.

Tief erschüttert hat auch mich die Katastrophe in Bayern[2]), der ich eine gewisse Größe zuerkenne. Wenn erst die Zeit zwischen sie und die lebenden Geschlechter getreten sein wird, muß und wird die Poesie sich jener furchtbaren Tatsache bemächtigen und sie umranken wie der Efeu das Gemäuer.

127.

Wilhelmsthal, 6. August 1886.

Sie haben aufs neue bewiesen, daß Verständnis des Herzens das Wohltuendste sei. Sehr bewegt hat mich Ihr Brief, denn er berührt mit so wahren Worten den Kummer, der mich jetzt

---

Saale — auch als Zufluchtsort Goethes in bewegten Tagen bekannt — zuzubringen.

[1]) Geheimer Legationsrat Heinrich Abeken vom Auswärtigen Amt, während des französischen Krieges der Begleitung Bismarcks angehörig im Großen Hauptquartier zu Versailles, wo damals auch der Großherzog Carl Alexander weilte.

[2]) Der Tod König Ludwigs II. am 13. Juni 1886.

erfüllt [1]), daß ich — könnte ich ihm Ausdruck geben —
keinen andern wählen möchte als den, in welchen
Sie Ihre Teilnahme kleiden. Seien Sie auf das
herzlichste für diese gedankt. Ganz recht haben Sie,
wenn Ihnen in Liszt der Mensch noch höher als
der Künstler stand, so unerreicht auch dieser war
und bleiben wird. Um so mehr können Sie be=
urteilen, was ich verlor, der ich freundschaftlich mit
ihm verbunden war. Richtig angewandt daher ist
das Wort Shakespeares, das Sie in richtigem
Seelenverständnis zu wählen verstanden, um zu
beleuchten, wie Liszt aufzufassen sei. Und wenn ich
die Worte hinzufüge, die von Goethe in den Mund
Euphorions gelegt werden:

> Immer höher muß ich steigen,
> Immer weiter muß ich schauen,

so bezeichne ich in Wahrheit den Genius, der in
ihm, in Liszt, wirkte, und unsern Augen für jetzt
entrückt, fortwirkt, denn unsterblich ist die himm=
lische Kraft wie ihr Gewand: die Seele.

Die meinige ist indes schwer gedrückt. Gott
möge um so mehr die guten Wünsche in Erfüllung
gehen lassen, welche Sie, tröstend, mir senden.

In treuer Dankbarkeit zeichne ich als

Ihr im Herzen ergebener C. A.

---

[1]) Liszt war am 31. Juli 1886 in Bayreuth gestorben.

128.

Nehmen Sie, meine verehrte Gönnerin, all meinen Dank — meinen herzlichsten — für die Segenswünsche hin, welche mir Ihr Brief von vorgestern wie meiner Tochter zu ihrer bevorstehenden Vermählung bringt[1]). Von der Innigkeit der Wünsche hängt Ihre Erfüllung ab. Dies hoffe und glaube ich in Gott, also auch für die Ihrigen, und um so aufrichtiger daher ist mein Dank.

Er ist es aber auch für die so freundschaftliche Erinnerung, welche Sie mit jenem 22. d. M. verbinden, der für uns beide ein Tag besonderen Gedenkens geworden ist[2]). Er führt Sie sehr natürlich auf jene Zeit zurück, wo ich ein Gesetz walten lassen konnte, das Ihr Gatte mit Recht ein „menschliches" nannte. Daß Sie wie er so edel es zu gebrauchen wußten, ward aber und bleibt Ihr Glück.

Von der Fernwirkung Ihres Gespräches mit Herrn von D. verspürte ich zwar nichts, allein, daß ich in besten Händen war, fühle ich, indem ich die herzlichen Zeilen lese, die mich dessen versichern. Und abermals lassen Sie mich Ihnen auf das wärmste danken. In dem neuen Gesandten erhalte ich durch jenes Gespräch plötzlich fast einen

---

[1]) Die Prinzessin Elisabeth von Sachsen-Weimar vermählte sich am 6. November 1886 mit dem Herzog Johann Albrecht von Mecklenburg-Schwerin.

[2]) Stahrs Geburtstag.

neuen Bekannten, denn in der Erkenntniß einer dritten Persönlichkeit, über, in welcher sich die Meinungen zweier, die sich nicht kennen, vereinigen, liegt ein Band. In diesem Fall ist es mir besonders willkommen, da Sie es mir reichen. — Ende nächsten Monats, spätestens Anfang Dezember, hoffe ich, so Gott will, Sie wiederzusehen und nicht zu verfehlen. Auf dieses Wiedersehen lassen Sie mich das viele versparen, das sich immer zu sagen vorfindet, wenn ich an Sie denke, noch mehr, wenn ich mich bei Ihnen befinde. Sie aber kennen die Gesinnungen alle, welche der Hintergrund hiervon sind.

129.

Weimar, 28. Januar 1887.

Mit Rührung und aufrichtiger Dankbarkeit habe ich Ihren Brief von dem 25. wie den Entwurf der Widmung gelesen, welche Ihre freundliche Güte mir zugedacht hat[1]). Sie ist, diese Widmung, zunächst wahr; sie ist für mich, sodann, ein sehr ehrenvolles Zeichen Ihrer Gesinnung; in diesen beiden Urteilen liegt meine Ansicht; daß ich Ihre Widmung mithin dankbar annehme, folgern Sie selbstverständlich aus dem Gesagten. „Arbeiten und nicht müde werden," ist Ihr Wahlspruch, „vigilando ascendimus" (wir steigen, indem wir wachen) der meinige. Beide vereinigen sich im rastlosen

---

[1]) Des Romans „Die Familie Tarner".

Streben nach dem Guten und Schönen. Ich bin,
wie sie ermessen werden, das Echo Ihrer eigenen
Ansicht. Gott segne uns in und durch die Arbeit!
Mit diesem Wunsch küsse ich Ihnen die Hand als
Ihr ergebener Freund C. A.

130.

Schloß Wartburg, 5. Mai 1887.

Freude machen zu wollen, ist immer unter den
Absichten eine der edelsten; Freude gemacht zu haben,
rechne ich zu dem, was Glück ist. Genießen Sie,
verehrte Freundin, das Bewußtsein hiervon. Durch
diese Worte danke ich am richtigsten für die doppelten
neuen Beweise Ihrer Gesinnungen für mich: für
Ihren Brief, für Ihre Widmung. Durch dieselben
aber fühle ich mich geehrt; Sie aber fühlen, daß
ich die Wahrheit sage.

In Weimar fand mich Ihre Sendung inmitten
peinlichster Eindrücke und drückender Geschäfte —
dies alles hervorgerufen durch den plötzlichen Tod
meines Generalintendanten von Loën, in dem ich
einen Freund verlor. Diese Bedrängnis möge die
Verspätung meines Dankes entschuldigen.

Hierher habe ich Ihr Werk[1]) genommen; mir
scheint dieser Ort besonders geeignet, ruhig und
allmählich Ihre Arbeit kennen zu lernen. „Man

---

[1]) Die Familie Darner. Roman in drei Bänden.
Berlin 1887.

soll sich auch was Gutes gönnen," sagt Goethe irgendwo. Dies aber denke ich auszuführen, und zwar an Ihrer reichbegabten wie geübten Hand, die ich küsse als

Ihr ergebener wie dankbarer C. A.

131.

Dornburg, 28. Juni 1887.

Sie haben, meine Verehrteste, recht gehabt, Ihre so herzlichen Glückwünsche mir zuzusenden, als die epistolare und telegraphische Flut sich verlaufen hatte, von der ich überstürzt ward, denn in Ruhe zu danken, ist ein um so größerer Genuß. Diesen empfinde ich jetzt, indem ich in stiller Stunde aus diesem schönen Ort an Sie den Ausdruck, den lebhaften, meiner Erkenntlichkeit richte. Herzliche Wünsche haben immer die meiste Aussicht, von Gott erhört zu werden; so glaube ich fest, daß mir die Ihrigen Glück bringen, und deshalb fühle ich um so tiefer meinen Dank. — Je mehr ich lebe, um so bemerkenswerter finde ich das Leben, denn immer weiter werden die Horizonte, immer fesselnder, immer wichtiger erscheint das Leben selbst. Dies ist meine Erfahrung und meine Ansicht. Wie ich es zu nehmen habe, ergibt sich aus dem Gesagten. Gebe mir Gott hierzu richtigste Erkenntnis und freudigstes Wirken.

Da sich seinen Freunden zu erhalten eine Pflicht ist, würden Sie dieselbe vernachlässigen,

wollten Sie in diesem Jahre zu wiederholen ver=
meiden, was im vorigen Ihnen gut getan hat.
Gehen Sie also ja nach Ragaz, darum bittet herz=
lich Ihr Ihnen aufrichtig ergebener C. A.

132.

Heinrichau, 28. Oktober 1887.

Ihr Brief von vorgestern, verehrte Freundin
— denn so müssen Sie sich von mir nun einmal
nennen lassen —, erreichte mich hier: sozusagen mit
der Feder in der Hand, Ihnen zu schreiben. Dies
aber wollte ich und tue dies nun auch aus zwei
Gründen: erstens habe ich Ihnen meinen sehr auf=
richtigen Dank zu sagen für „Die Familie Tarner",
also wegen Ihres Inhalts, und aufs neue zufolge
desselben für Ihre Widmung. Romane oder No=
vellen, wenn auch vortrefflich geschrieben, die mir
nichts bringen als „eine Geschichte", haben in
meinen Augen sehr geringen Wert. Denn was am
Ende liegt daran, „eine bloße Geschichte" zu lesen?
Von Wert, und zwar von großem, aber ist es,
wenn diese Geschichte uns die Wahrheit zeigt in
der Entfaltung und Entwicklung dessen, worauf es
einer jeden Seele am meisten ankommen sollte:
des Geistes und des Charakters. Dies aber bringt
dieser Ihr neuester Roman. Und für diese Tat
danke ich Ihnen freudig. Daß aber die Widmung
gerade dieses Ihrer Werke mir Freude machen
müsse, fühlen Sie und glauben also auch meinem

Dank für Jhre liebenswürdige Güte mir gegen=
über. Mit großer Aufmerksamkeit, ohne mich im
mindesten zu übereilen, las ich Jhre „Familie
Darner". Mit voller Überzeugung schreibe ich nun
dies Urteil.

Zweitens will ich Jhnen nun für einen zweiten
Genuß danken: jenen Aufsatz über Franz Liszt,
den Sie der „Rundschau" anvertrauten[1]). Jch
wüßte nicht je etwas über diesen gelesen zu haben,
das ein richtigeres Bild von unserm teuren maëstro
gäbe wie Jhr — beiläufig gesagt: meisterhaft ge=
schriebener — Aufsatz. Er hat mich daher oft tief
ergriffen, und — Jhnen will ich es im geheimen
gestehen — die dicken Tränen sind mir dabei ein=
mal in die Augen getreten. — Daß Jhr Roman
so rasch, so allgemein, richtig geschätzt wird, freut
mich wahrhaft, daß Jhnen jene Biographie Liszts
so gelungen, danke ich Jhnen besonders. — Und
nun schließe ich mit meinem Dank für Jhre eben
erhaltenen Zeilen, die in Weimar mich suchten und
hier, in Heinrichau, dem Mittelpunkt unsrer schle=
sischen Besitzungen, mich fanden, wo ich seit Wochen
hinter alten Abteimauern hause. Nächsten Montag,
so Gott will, hoffe ich in der Bendlerstraße Nr. 21
Jhnen von unsrer weimarischen Tätigkeit mündlich

---

[1]) „Erinnerungen an Franz Liszt", datiert aus Ragaz
vom 4. August 1886; Deutsche Rundschau 1887, Bd. LII,
S. 270 ff. und 370 ff. Demnächst übergegangen in die „Zwölf
Bilder nach dem Leben. Erinnerungen von Fanny Lewald.
Berlin 1888." S. 331—398.

berichten zu können. Von der Gründung der Liszt=
Stiftung durch einen Teil des Vermögens des
Meisters zur Förderung bedeutender junger Talente
im Gebiete der Musik in Deutschland wie Österreich=
Ungarn, mit der Oberleitung in Weimar, werden
Sie indes gehört haben und sich daran erfreuen.
Fahren Sie fort, zu wirken und zu streben, denn
kein Alter gibt es — nur ewige Jugend — für
die Seele, welche empor zur Verschönerung strebt
und wirkt.

133.

Schloß Weimar, 8. Januar 1888.

Lassen Sie mich ungesäumt durch den Aus=
druck meiner Freude für den Brief danken, welcher
mir heute überbracht wurde, und der mir den Be=
weis Ihrer Wiederherstellung — Gottlob — bringt.
Welche Besorgnis Ihre Krankheit mir einflößte,
von der ich indes erst erfuhr, als ich versuchte,
Ihnen in Berlin, neulich, meinen Besuch zu machen,
überlasse ich Ihrer eigenen Beurteilung. Und so
bleibt mir nur übrig, Ihnen das zurückzugeben,
was Ihre Güte für mich Sie an mich mahnend,
vorsorgend, ratend sagen läßt: sorgfältige Ver=
meidung möglichen Erkrankens, Überwachung eines
eingetretenen Übels und Schonung hinterdrein.
Gewiß hat Ihr Arzt recht, Ihnen jetzt Luft als
Stärkung zu raten; gewiß habe ich nicht unrecht,

Sie zu bitten, bessere zu suchen als in Berlin,
Bendlerstraße Nr. 21. An Ihrer Stelle eilte ich
mit irgendeiner befreundeten Seele der Sonne ent=
gegen, z. B. nach Rom. Ferner sollten Sie sich
diesen Winter gründlich ausruhen, wozu Ihnen
Ihre überstandene Krankheit Veranlassung genug,
die „Familie Darner" genugsam ein Recht gibt.
Ich würde mich über das Erscheinen des neuen
Werkes — der „Erinnerungen an Liszt" —
ängstigen, wüßte ich es nicht schon längst geschrieben.
Ich werde für alle Fälle Sie wie ein Kind be=
handeln, dem man verspricht, seinen Willen zu
tun, wenn es vorher den unsrigen erfüllt hat —
und Ihnen alle Vorsicht für mich feierlich zusagen,
wenn Sie mir versprechen, meine Verhaltungs=
maßregeln zu befolgen. Hierbei sollten Sie nach
solchen Büchern zum ruhigen Lesen sich umsehen,
von denen Sie die Erwartung hegen, daß dieselben
Ihnen in Ihrer Konvaleszenz passend erscheinen.
Dies und die Luft= und Horizontsveränderungen
wird Ihnen, unter Gottes Hilfe, zum besten ge=
reichen. Dies zunächst wünsche ich Ihnen zum
neuen Jahr und noch viele andre der Gesundheit
und der Sie erfreuenden Tätigkeit. Dies alles
aber wünsche ich Ihnen, verehrte Freundin, ebenso
herzlich, als Ihre Wünsche für mich es sind. Die
Großherzogin stimmt mit den meinigen überein, —
alles aber müssen und werden Sie glauben

Ihrem ergebenen C. A.

134.

Weimar, 24. März 1888.

Mit wahrer Rührung habe ich Ihren Brief von gestern gelesen und möchte Ihnen so recht danken, wie ich es fühle, und weiß nicht die Worte zu finden. So ein ähnliches Gefühl hielt mich ab, Sie diesmal zu besuchen[1]), — und so blieb ich fern, das erste Mal seit so manchem Jahre. Aber nicht mit dem Herzen blieb ich Ihnen fern — das fühlen Sie —, aber ich empfinde immer eine Art Scheu, mich im Kummer zu zeigen, — den aber hatte ich, und den habe ich. Doch mit oder ohne einen Kummer wünsche ich Ihnen nicht minder aufrichtig ein von Gott Ihnen gesegnetes neues Lebensjahr; ja, fast möchte ich sagen können: ich wünsche es noch lebhafter als bisher, denn ich fühle mich durch Ihren Brief Ihnen noch näher verbunden. Sein Inhalt spricht so wahr das aus, was ich empfinde, daß ich kaum etwas hinzu= zufügen hätte. Es muß eben ertragen werden, und der feste Glaube hilft auch dazu. Er läßt mir die feste Überzeugung, daß der Allweise und Allbarm= herzige gewiß alles zum besten leiten wird, wenn wir diese Prüfung nur richtig und mutig bestehen. Auf das Ganze und Große muß der Geist blicken,

---

[1]) Der Großherzog war in Berlin anläßlich der Bei= setzungsfeierlichkeiten des am 9. März 1888 verstorbenen Kaisers Wilhelm I.

wenn das einzelne schwer zu ertragen, fast un=
erträglich scheint. Letzteres aber, unerträglich, müßte
die jetzige Lage erscheinen, wollte man sich nicht
über dieselbe erheben und nicht auf die Zukunft
blicken. Meine arme Schwester ist mir und uns
allen eine wahre Hilfe und Trost geworden in
ihrer Glaubenstreue, ihrem Eifer der Pflicht=
erfüllung und ihrer Würde des inneren Gleich=
gewichtes. Ihre schwergeprüfte Tochter ist ihr eben=
bürtiges Kind, das ich fast am meisten beklage. Sie
würden, hätten Sie den Blick des armen jetzigen
Kaisers gesehen, der so traurig redet, während das
gesprochene Wort seinem Munde versagt bleibt, sich
wie gebannt fühlen. Das sind so einzelne Züge
aus dieser Tragödie, die langsam daherzieht wie
das schwere Gewitter am Himmel.

Ich bin hierher zurückgekehrt, als meine öffent=
lichen wie privaten Pflichten bei meiner Familie
jetzt beendet waren. Ich arbeite an mir wieder, das
Gleichgewicht zu erringen, das in diesen Wochen
mehr als einmal erschüttert ward. Gott wird ge=
wiß weiterhelfen.

Mit Freude begrüßte ich heute die erste warme
Frühlingsluft. Möge sie Ihnen wohltun und
Ihnen bald völlige Genesung bringen. Würden Sie
nicht in unsren Bergen Stärkung später suchen?!
Ihre Zusendungen werde ich wieder mit neuer
Dankbarkeit aufnehmen als das, was diese Sendung
ist: ein neuer Beweis Ihrer Güte, verehrte Freundin,
für   Ihren stets dankbar ergebenen E. A.

135.

Aus den Niederlanden vor einigen Stunden hierher zurückgekehrt, fand ich Ihren Brief von dem 11. d. M. mit den ihn begleitenden „Zwölf Bildern nach dem Leben" [1]). Über der Widmungsaufschrift „Ihren und meinen Freunden zur Erinnerung an sie und mich" las ich die Worte, durch welche Sie mir den Band bestimmen, und nun sagt mir mein Egoismus wie meine Eitelkeit, daß auch mich Sie unter die zählen, denen Sie das Werk widmen. Wenigstens werden Sie mir zugeben müssen, daß ich menschlich urteile. Sie aber haben menschlich gefühlt, indem Ihre Güte, meine Verehrte, mir eine geistige Erfrischung darreichen wollte in der schweren Zeit, die ich durchlebe. Daß Sie dieses gewollt und getan, dafür lassen Sie mich von Herzen danken, wie Ihr Wollen und Handeln dem Herzen entquoll. — Ich werde Ihr Buch gleich zu lesen beginnen, und zwar mit der großen Erwartung, zu welcher Ihre Feder mich längst berechtigt; ist dieselbe doch auch in Schilderung von Persönlich= keiten eine Meisterin.

Der Aufenthalt in den Niederlanden, der Wechsel der Horizonte, der Gesichtspunkte, der

---

[1]) Zwölf Bilder nach dem Leben. Erinnerungen von Fanny Lewald. Motto: „Und manche liebe Schatten steigen auf." Berlin 1888. Es war das letzte Buch Fanny Lewalds, eine Sammlung früherer Arbeiten.

Menschen und Örtlichkeiten ist mir eine Wohltat
gewesen. Ich kehre erfrischt zu der Erfüllung meiner
hiesigen Pflichten zurück. In wie schwere Zeit diese
fallen, wissen Sie so gut wie ich, und ahnen, wie
eng dieselben mit meinem Leben äußerlich wie inner=
lich sich verknüpfen und es durchweben. Stillhalten
und sich in Gottes Willen fügen, heißt es hierbei
zunächst. „Arbeiten und nicht müde werden" — Ihr
Wahlspruch also — fügt sich bei! — Ihre fernere
mir in Aussicht gestellte Sendung erfüllt mich schon
jetzt mit Dank. Möge dieser Sommer Ihre Ge=
sundheit kräftigen und Sie in Ihrem Schaffen
stärken und fördern.

<h2 style="text-align:center">136.</h2>

Wilhelmsthal, 28. Juli 1888.

Gottlob ist Ihre Güte für mich weit größer
als mein Unfall, und ich darf Ihnen durch die
Versicherung herzlich dankend antworten, daß ich
diese Zeilen schreibe, wie es ein Pascha machen
würde: ausgestreckt auf niedrigem Polster und den
rechten — vielgekneteten Fuß auf einem Bau nicht
zu weicher Kissen. So hoffe ich, mit Gottes Hilfe,
in kurzem meinem Arzte und — der Geduld ent=
lassen zu werden. Sie sehen, Ihre Predigt traf
einen bereits Bekehrten, wenngleich ich meiner hoch=
verehrten Gönnerin gestehen muß, daß ich jener
Jugend die Zähne weise. Aber es geht nun einmal,
wie Sie und andre mir versichern, hierbei nicht

ohne dies verdammte Ding. Sie können daraus,
ohne Eitelkeit, den Schluß ziehen, daß mir Ihr
höchst liebenswürdiger epistolarer Besuch sehr will=
kommen war. Ich möchte, daß mir ein vernünftiger
Schweizer erklärte, weshalb wir Deutsche von seinen
Landsleuten immer mehr gehaßt werden? Ist es
der Neid, der sie übersehen läßt, daß wir ihnen nie
geschadet, immer nur genützt haben — ja was in
jenen Augen überzeugender sein würde —, daß es
keineswegs in unserm Interesse liegt, ihnen zu
schaden! Gestehen Sie: wir leben in einer Zeit,
deren eine der interessantesten Eigentümlichkeiten
darinnen liegt, daß, was wir mit Recht tun wie
erstreben, die Fehler wie Absichten unsrer Feinde
wie Beneider nach der Reihe aufdeckt, weit mehr,
als jene es wünschen, ja selbst wollen und wissen.
Das, was Sie von der Schweiz erzählen, ist mir
ein neuer Beweis davon. Und das, was Sie hinzu=
fügen, ist vortrefflich, denn es ist um so geistreicher,
weil es wahr ist. Sie werden sich vielleicht noch
unsres Gespräches auf Ihrem Balkon vor wenig
Wochen erinnern. Was Sie mir schreiben, fügt
sich wie die Fortsetzung an jenes. Verschiedene
Veröffentlichungen, die seitdem stattgefunden, haben
einen Widerhall erzeugt, der meine Meinung
unterstützt. Zwar hat man sich um diesen nicht
zu kehren, aber wohl ihn im Gedächtnis zu ver=
merken, meine ich.

Wenn gute Wünsche etwas nützen, so machen
Sie die beste der Kuren jetzt, zu Ragaz. Wie sehr

ich wünschte, daß Sie wieder dieselbe gebrauchen
möchten, wußten Sie; wie sehr ich mich freue, Sie
daselbst mit dieser Kur beschäftigt zu wissen, können
Sie sich denken; wie sehr es mich beruhigt, Ihren
eigenen Arzt in Ihrer Nähe zu sehen, lassen Sie
mich Ihnen gestehen, — und wie sehr es mir
Genugtuung erscheint, nun auch Sie zu bitten,
Ihre Kur recht gewissenhaft und — geduldig zu
gebrauchen, gönnen Sie gewiß meiner Bosheit
sowie der alten und sehr aufrichtigen Ergebenheit,
die ich herzlich Ihnen darbringe.

137.

Weimar, 10. Februar 1889.

Mit Freuden habe ich Ihren Brief, meine ver=
ehrte Freundin, begrüßt, mit wahrer Rührung ge=
lesen, und nun lassen Sie mich herzlichst Ihnen für
denselben danken. Unter den Mitteln, zu helfen, ist
wohl, Freude zu bereiten, eines der sichersten. Nun
sagen Sie mir, daß dieses mir bei Ihnen gelungen[1]);
da können Sie sich denken, wie sehr ich dafür er=
kenntlich sein muß, daß Sie es mir sagen, um so
mehr ich längst weiß, daß nur die Wahrheit über
Ihre Lippen kommt. Gottlob, daß auch Ihre fort=
schreitende Besserung Wahrheit ist. Ich hoffe zu
Gott, daß Sie mich von gänzlicher Wiederherstellung

[1]) Der Großherzog hatte Fanny Lewald in den letzten
Tagen des Januar 1889 in ihrer Wohnung in Berlin besucht:
es war ihre letzte persönliche Begegnung.

bald benachrichtigen. Als ich Ihren Brief erhielt,
wollte ich schreiben, Sie zu fragen, wie es Ihnen
seit diesen acht Tagen gehe. Doch noch eine andre
Ursache ließ mich zur Feder greifen. Nachdem ich
Sie neulich verlassen, überbrachte ich der Kaiserin,
meiner Schwester, das, was Sie für J. M. mir
gesagt hatten. Sie beauftragte mich, „Ihnen herz=
lich zu danken und zu versichern, daß sie mit
größter Aufmerksamkeit wie aufrichtigem Interesse
Ihrer Tätigkeit folgte". Dies mündlich Ihnen zu
sagen, hatte ich mir vorgenommen, kam aber nicht
gleich zur Ausführung. Da trat schließlich die
erste Nachricht von der Katastrophe in Meyer=
ling[1]) hinzu. Seitdem, hier, die Kunde der nun
bestätigten Einzelheiten! Diese aber bilden eine
neue Katastrophe schlimmster Art, denn die Seele
empört sich nun, wo sie sich nur entsetzt hatte.
Noch nie habe ich so verstehen lernen als jetzt, was
der Ausdruck sagen wolle: „unter dem Banne stehen".
Dies empfinde ich nach all diesem. Noch wird es
mir schwer, es in das aufzunehmen, womit man
eben im Leben rechnen muß. — Wie ein Friedens=
gruß ist mir das Gedicht[2]) erschienen, das Sie so
gütig gewesen sind für mich abzuschreiben. Es muß

---

[1]) Dem Tode des Kronprinzen Rudolf von Österreich am
30. Januar 1889.

[2]) Ein Gedicht der neunundachtzigjährigen Frau Hedwig
von Olfers, geb. von Stägemann: „Des Alters Leiden". Die
Gedichte der Frau von Olfers (gest. 11. Dezember 1891), wurden
nach ihrem Tode (Berlin 1892) herausgegeben.

eine wahrhaft schöne Seele sein, die so fühlen, so
sich ausdrücken kann. Und so muß sich ein eigen-
tümlicher Zauber von selbst ergeben, den sie um
sich verbreiten soll, und den auch Sie zu kennen
scheinen. — Daß Sie die Absicht hegen, Ihre hohen
Gaben aufs neue in den Kampf gegen Geschmacks-
verirrung und Verderben richten zu wollen, die
durch Romane wie Bühne verbreitet werden, in
dieser unsrer Zeit, begrüße ich mit wahrer Freude[1]
zunächst als einen Beweis, und zwar den besten,
Ihrer wiederkehrenden Gesundheit und sodann, weil
es eine Tat sein wird, die nur gute Früchte bringen
kann. Gut gewählt ist hierzu in jedem Fall auch
der Zeitpunkt, denn was man jetzt in der Kunst den
Realismus nennt, nimmt Proportionen und Formen
an, die furchtbar sind, und verdrängt und verdeckt
werden die Begriffe der Wahrheit, der Schönheit, der
Pflicht, die uns an alles Erhabene fesselt. Mit
Schaudern denke ich hierbei, unwillkürlich, an die
Katastrophe in Meyerling. So lassen Sie mich im
voraus Ihre wieder aufzunehmende Tätigkeit begrüßen
und mit verdoppeltem Eifer Sie bitten: mit geduldiger
Sorgfalt sich pflegen zu wollen und pflegen zu lassen.
Wie gern täte ich letzteres selbst! Gönnen Sie
mir, meiner alten Freundschaft, die Eitelkeit, zu

---

[1] In dem Brief Fanny Lewalds an den Großherzog
vom 7. Februar 1889 heißt es am Schluß: „Ich habe über
den unseligen Einfluß der Unsittlichkeit auf der Bühne und im
Feuilletonroman — gegen Ibsen, der mir ein Grauen ist —
unsäglich viel auf dem Herzen, — aber ich kann noch nicht weiter."

glauben, daß diese armen Zeilen ein wenig Pflege
für Sie sind, und daß diese Pflege gut anschlägt.

138.

Weimar, 27. April 1889.

Soeben, meine verehrte Freundin und Gönnerin,
soeben habe ich Ihren Brief von dem 23. d. M. gelesen, und nun freue ich mich über denselben, wie ich
auch des wiederkehrenden Frühlings nach langem
Winter mich freue. Mit diesem Urteil   richtiger
gesagt: durch dasselbe — lassen Sie sich herzlichst
von mir gedankt sein. Und wenn Sie in Sonnen-
schein und warmer Frühlingsluft der wiederkehrenden Kräfte sich freuen, so denken Sie meiner,
der sich indessen des Beweises dieser Wiederbelebung
der Kräfte freut, von welcher Ihr Brief mir den
Beweis bringt. Ich aber hoffe und glaube das
Beste für Sie und alle, die mit mir Ihr Bestes
wünschen, und denke zu Gott, es wird alles sehr
gut wieder werden. Dies aber zu sagen, eile ich,
denn ich finde, daß Goethe recht hat, wenn er sagt:

> Du im Leben nichts verschiebe,
> Sei dein Leben Tat um Tat,
> Und dein Streben sei in Liebe,
> Und dein Leben sei die Tat.

Die morgende Ankunft des Kaisers läßt mich
diesen Rat befolgen, denn zwischen Empfangen, Auer-
hahnjagen und Eisenbahnfahren lassen sich nicht ver-
nünftige Briefe schreiben. Diese erwarten Sie aber

doch von mir, obgleich bei meinen Besuchen bei
Ihnen Sie gewohnt sind, daß ich meist vom
Hundertsten ins Tausendste komme. So streicht
denn die Zeit immer hin und gibt dem Berliner
Aufenthalt immer wieder das Gepräge des Gehetzt=
seins, das ich nirgends in der Welt so wie dort
empfinde. Ich befürchte, daß der Kaiser mir recht
geben wird, bereits aus eigner Erfahrung; sein
guter Wille, die Pflicht gewissenhaft zu erfüllen,
läßt es mich vermuten. Sie scheinen Ihren Wahl=
spruch „Arbeiten und nicht müde werden" ihm an=
gezaubert zu haben. — Wir beendigen indes einen
tätigen Winter, um uns einem wahrscheinlich etwas
unruhigen Sommer zu nähern. Von der eben ab=
gehaltenen Shakespeare=Gesellschaft werde ich Ihnen
die bemerkenswerte Rede senden, die der Direktor
des Goethe=Archivs[1]) über „Shakespeares Einfluß
auf die goldene Zeit der deutschen Literatur" ge=
halten hat. Die große Vereinigung der Goethe=
Gesellschaft steht uns bevor, und tätig, unermüdet
hebt man die Schätze ihres Archivs. Von manchem
Zweckmäßigen und Schönen in Land und Städten
berichte ich, als Neuentstandenem, mündlich, so Gott
will. Jetzt bitte ich, mich empfehlen zu dürfen,
denn zwar nicht mein Jäger, aber die Zeit klopft
an meine Tür und ruft mich zur Morgenarbeit.
Ich aber küsse Ihnen die Hände und wünsche

---

[1]) Geheimer Hofrat Professor Dr. Suphan, Direktor des
Goethe=Archivs (demnächst Goethe=Schiller=Archivs) seit 1887.

herzlich, daß Sie vom Besseren zum Guten fort=
schreiten.

Ich werde mich Ihres Auftrages bei meiner
Frau entledigen. Wir leben stets in wechselnder
Sorge um den König, ihren Bruder[1]).

139.

Belvedere, 4. Juli 1889[2]).

Ihr gestern erhaltener Brief vom 2. d. M.,
meine verehrte Freundin, gibt mir den mich sehr
erfreuenden Beweis, daß es mit Ihnen wieder
besser geht. Denn wenn die Möglichkeit der Tätig=
keit wieder eintritt, ist auch die Besserung vorhanden.
Gottlob, daß dem so ist! Daß die für uns
— leider — ungewohnte, lang andauernde Wärme
Sie schwächen und angreifen würde, ist ganz
natürlich und Ihr Arzt ein vernünftiger Mann,
wenn er Ihnen Luftveränderung vorschlägt; ich
möchte gleiches Lob verdienen und Ihnen Wald=

---

[1]) König Wilhelm III. der Niederlande war seit längerer
Zeit leidend und starb am 23. November 1890.

[2]) Es ist dies der letzte Brief des Großherzogs; Frau
Fanny Lewald=Stahr starb am 5. August 1889 im Hotel
Bellevue in Dresden, wo sie zur Erholung mit schon sehr ge=
schwächten Kräften sich aufhielt. — Die Briefe Fanny Lewalds
an den Großherzog sind dem Goethe=Schiller=Archiv in Weimar
zum Teil schon bei dessen Lebzeiten überwiesen, zum Teil später
an das Archiv abgegeben. Für die Zeit von 1848—1883 sind
sie dort ziemlich vollständig erhalten, aus der späteren Zeit
lückenhaft.

und Gebirgsluft empfehlen. Sie scheinen mir dabei
an Thüringen zu denken und wünschen es bequem
zu genießen. Ganz Thüringen ist jetzt, was man
mit dem süddeutschen Ausdruck „Sommerfrische"
bezeichnet. Selbst Eisenach macht hierauf Ansprüche
und besetzt Tal wie Höhen mit zu vermietenden
Villen. Ich nenne die gleichen Ansprüche von
Ilmenau, das sehr gesunde Luft auch bietet, von
Berka bei Weimar. Liebenstein ist das größte der
Thüringer Bäder, ich glaube, auch das älteste, —
bei allen finden Sie gute Luft, spazierbare Wege
und eine Verpflegung, die dann am besten ist, wenn
man durch eigne Dienerschaft oder Umgebung sie
übernehmen läßt. Da Sie gewiß von Bedienung
begleitet werden, bin ich über letzteren Punkt beruhigt. Selbstverständlich müßte die von Ihnen
gewohnte Pflege Ihnen gesichert bleiben. Benachrichtigen Sie mich über Ihre Reiseentschlüsse. Ich
selbst denke den 8. d. M., so Gott will, meinen
Aufenthalt in Wilhelmsthal bei Eisenach zu nehmen,
also mitten zwischen thüringischen Bergen. Vielleicht
gelingt es mir dann, auf irgendeinem thüringischen
Gebirgsgipfel, unter irgendeiner Tanne Ihnen zu
erzählen, daß man in Weimar doppelt tätig ist, seitdem das großartige Geschenk des Enkels Schillers[1],
das Archiv seines Großvaters, dies mit dem Goethes
verbunden hat. Doppelte Pflichten treten an uns

---

[1] Des im Juli 1891 in Weimar verstorbenen Freiherrn
Ludwig von Gleichen-Rußwurm.

mithin heran, und verdoppelte Tätigkeit ist unser Losungswort, um so mehr sich auch die Ansprüche an Weimar damit verdoppeln. Das wäre ungefähr die Vorrede zu unsrer nächsten Unterhaltung, so Gott will. Einstweilen erbitte ich mir für Sie selbst die Elastizität Ihres reichen Geistes, die das Zeichen des energischen Willens ist, und für mich die Fortdauer Ihrer Güte.

Alphabetisches Namenverzeichnis.

Pierersche Hofbuchdruckerei Stephan Geibel & Co. in Altenburg.